粉飾事例にみる 中小企業 M&A

リスクと対応

高野総合グループ
TSK 税理士法人 髙野総合会計事務所 【編】

公認会計士・税理士　公認会計士・税理士　公認会計士・税理士　公認会計士
髙木　融・田中新也・田中信宏・前田　俊【著】

中央経済社

は じ め に

　近年，日本国内におけるM&Aは増加の一途をたどっており，一時的なコロナ禍による影響で減少に転じた年はあるものの，今後はさらに増加することが見込まれている。事業承継対策を念頭に置いた国による積極的な支援策に加えM&A案件情報を取り扱う仲介業者，マッチングサイトの増加など，M&Aが身近になる土台は着々と積み上がっており，従前と比較して一般化してきていることは間違いないと言える。そして，この流れの中でM&Aの対象となる企業もより範囲が広がった結果，多くの中小企業がM&Aの対象となる状況も生じてきている。

　M&Aに際しては，買い手企業によって対象企業の財務調査等を含めた各種調査が行われることが通常であるが，中小企業は大企業と異なり，外部会計監査が義務づけられていないことやそもそも数値管理水準も大企業のそれと比較すれば低いことが多いため，財務数値自体の信憑性は相対的に低くなりやすい。これは，単純に中小企業を対象としたM&Aにおいてはリスクの1つとして認識する必要がある点である。しかし，現在の中小企業を対象としたM&A実務においては必ずしもこの点が十分にリスクとして認知・対処されていないケースもあるように思われ，弊事務所が関与した案件においても，財務調査の過程で発覚した財務的な問題が結果としてM&A取引を見送る要因になったようなケースも散見されている。

　このような状況が生じる要因としては，中小企業を対象としたM&Aは取引規模が大きくなく，調査にかけるコストも限定的になりやすい（比較的簡便な調査が行われやすい）ことや，仲介業者等によるスクリーニングの不十分性，そもそも買い手企業がM&A自体に不慣れなケースがあることなどが挙げられる。買い手企業が外部専門家を全く活用しないことは現実的ではないが，少なくとも財務調査のポイントや粉飾決算の手口等について依頼者側である買い手企業自身が多少なりとも認識していることは重要であると考えられる。このような財務的なリスクに対する理解は，外部専門家を活用した本格的な財務調査

を行う前段階においてM&A取引の是非を判断する助けとなるほか，実際に外部専門家に財務調査を依頼する際に重点的に調査すべき点を限定し，関連コストを低く抑える選択肢を持つことをも可能にする。

　上記を踏まえ，本書ではM&A取引時に行われる一般的な財務調査の視点に加え，粉飾決算を中心とした財務的な諸問題が存在する事例を複数紹介している。これらの事例はあくまで筆者らによる完全な創作ではあるが，そのベースは弊事務所における多数の財務調査経験の中で実際に見聞きした"体験談"の要素を多分に含んでいる。結局のところ，実務において最も参考になる情報はリアリティーを持った過去の事例であり，とりわけ本書はこの点を重視して事例を作成している。

　本書は中小企業を対象としたM&Aのリスクに焦点を当てた内容ではあるが，決してM&Aに対してネガティブな印象を与えることを意図したものではなく，あくまで基本的なリスクを適切に認識した上でよりよいM&A取引が活発に行われていくことを切に願うものである。日本が抱える中小企業における事業承継問題の解決策としてM&Aは非常に重要なテーマでもあり，その健全な推進の一助になれば幸いである。最後になるが，本書執筆にあたり多大なご支援をいただいた中央経済社・石井直人氏に改めて御礼申し上げたい。

令和5年9月

税理士法人髙野総合会計事務所

執筆者代表

パートナー　公認会計士・税理士　**髙木　融**

目　次

はじめに　i

第Ⅰ章　近年のM&A動向　　　　　　　　　　　　　1

> コラム1　～事業再生局面におけるM&A～　9

第Ⅱ章　中小企業M&Aの特徴　　　　　　　　　　11

1　買収価格 ————————————————————— 12
  (1)　簿価純資産法　12
  (2)　時価純資産法（修正簿価純資産法）　13
  (3)　時価純資産法（または簿価純資産法）に数年分の利益を加算する
　　　方法　14
  (4)　類似会社比較法（マルチプル法）　15
2　財務数値の重要性 ——————————————————— 16
3　売り手企業の売却目的 —————————————————— 18
> コラム2　～DCF法の紹介～　22

第Ⅲ章　財務調査のポイント　　　　　　　　　　25

1　財務調査の入り口 ——————————————————— 26
2　貸借対照表のポイント —————————————————— 28
3　損益計算書のポイント —————————————————— 35
4　キャッシュ・フロー計算書のポイント ————————————— 38
5　その他の調査ポイント —————————————————— 41
> コラム3　～M&Aにおけるデュー・デリジェンス～　42

第Ⅳ章　粉飾決算対応のポイント　45

1　粉飾決算の目的 ———————————————————— 46
　⑴　業績の改竄　46
　⑵　横領等の隠蔽　47
2　粉飾手法および財務諸表の特徴 —————————————— 47
3　粉飾発覚のプロセス ———————————————————— 49
　⑴　売り手企業からの粉飾の開示　49
　⑵　財務調査等による発覚　50
4　財務調査等を通じた粉飾発見のプロセス ————————— 50
5　粉飾発覚時の対応 ———————————————————— 51
　⑴　金額的影響の検討　51
　⑵　質的影響の検討　52
　　コラム4　〜上場会社の不正事例〜　53

第Ⅴ章　事例集　55

事例1　資金移動取引を利用した架空預金の計上 ——————— 58
事例2　個人資金を利用した人件費の過少計上 ————————— 69
事例3　固定資産売却等を利用した売上高の過大計上 ————— 80
事例4　簿外借入等を利用した売上高の架空計上 ——————— 92
事例5　固定資産取得計上を利用した売上高の架空計上 ——— 103
事例6　翌期売上高の前倒しによる売上高の過大計上 ————— 115
事例7　外部保管在庫の架空計上 ——————————————— 127
事例8　未成工事支出金を利用した原価の繰延べ ——————— 139
事例9　グループ会社を利用した人件費の付け替え —————— 150
事例10　架空現金を利用した売上原価（仕入高）の過少計上 —— 162
事例11　意図的な経費の未計上 ———————————————— 174
事例12　減価償却費の意図的な過少計上 ——————————— 186
事例13　役員との取引による売上高の架空計上 ———————— 198

事例14　負債との相殺による不良資産の簿外化 ──────── 209

事例15　実地棚卸資料の改竄による棚卸資産の過大計上 ──────── 221

第 I 章

近年のM&A動向

　国内のM&Aは2010年以降年々増加しており，2020年こそ新型コロナウイルス感染症の影響により減少に転じたものの，2021年以降は再び増加し，2022年の実績では4,300件を超える水準にまで達している（**図表Ⅰ－1**）。当該件数は国内M&A全体の件数であるが，主に中小企業に関するM&A件数でみると（**図表Ⅰ－2**），こちらも急激に増加している傾向があり，とりわけ中小企業M&A件数の増加も国内M&A件数の増加につながっている様子がうかがえる。

　この背景にはわが国企業の大半を占める中小企業において経営者の高齢化が進み，後継者不足に悩む中小企業が，その出口戦略の1つとしてM&Aを選択肢としていることが挙げられる。国としても，中小企業庁が2020年3月に「中小M&Aガイドライン－第三者への円滑な事業引継ぎに向けて－」を公表し，その後2021年4月には「中小企業の経営資源集約化等に関する検討会取りまとめ～中小M&A推進計画～」にて以後5年間に実施すべき官民の取組みを示している。さらに同年8月には中小企業M&Aを支援するM&A支援機関の登録制度を開始するなど，中小企業M&Aを積極的に推し進める施策が続々と打ち出されている状況である。

図表Ⅰ－1：M&A件数の推移

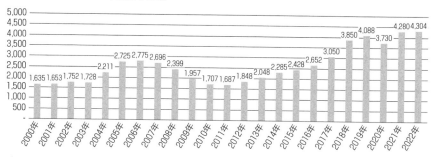

（出典）株式会社レコフデータ

図表Ⅰ－2：中小企業M&Aの実施件数の推移

（注）「中小企業M&A仲介大手3社」とは「株式会社日本M&Aセンター」，「株式会
　社ストライク」，「M&Aキャピタルパートナーズ株式会社」を指す。
（出典）中小企業庁「中小企業の経営資源集約化等に関する検討会取りまとめ～中小M&A推
　進計画～」（2021年4月28日）に基づき筆者一部修正

　また，実際にM&Aの実施主体である中小企業においても，近年では若年層
を中心にM&Aに対して以前と比較してプラスのイメージを持っている傾向が
あり（**図表Ⅰ－3および図表Ⅰ－4**），経営層の世代交代が進む中で中小企業
M&Aの件数はさらに増加していくものと想定される。

図表Ⅰ－3：10年前と比較したM&Aに対するイメージの変化

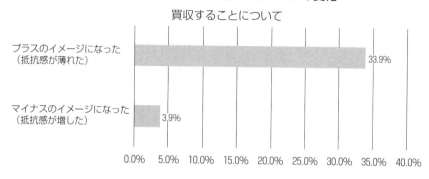

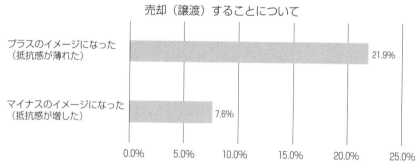

資料：株式会社東京商工リサーチ「中小企業の財務・経営及び事業承継に関するアンケート」

（注）M&Aに対するイメージの変化について，「変わらない」と回答した者は表示していない。

（出典）「中小企業白書2021」に基づき筆者一部修正

図表Ⅰ－4：経営者年齢別，10年前と比較したM&Aに対するイメージの変化

買収することについて

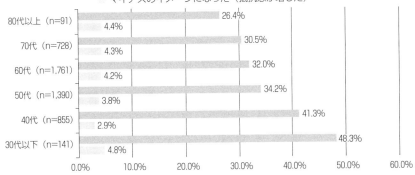

売却（譲渡）することについて

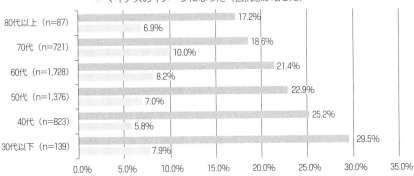

資料：株式会社東京商工リサーチ「中小企業の財務・経営及び事業承継に関するアンケート」
(注) M&Aに対するイメージの変化について，「変わらない」と回答した者は表示していない。
(出典)「中小企業白書2021」に基づき筆者一部修正

　一方で，過去にM&Aを実施した企業も含めて，当事者が中小企業M&Aに対して多種の懸念を感じていることを示すデータもあり，中小企業M&Aを推進するためにはまだまだ課題が多い状況も見て取れる（図表Ⅰ－5）。具体的

にはアンケート結果の上位に位置する項目として「期待する効果が得られるか
よく分からない」,「判断材料としての情報が不足している」があり,そもそも
M&Aを実施する意義や事前調査の十分性等に不安を感じている企業が多いこ
とが推測される。なお,比較的多くの経験を有していると想定される上場企業
に対するアンケート結果においてもM&Aプロセスにおいてやり直したい取組
みが相応に存在することが明らかになっており,そのトップの項目はシナジー
分析である（**図表Ⅰ－6**）。このアンケート結果も,ある意味では実施企業が
M&A実施後に期待する効果が十分に得られていないと感じている可能性を示
すデータである。

図表Ⅰ－5：過去のM&A実施有無別，買い手としてM&Aを実施する際の障壁

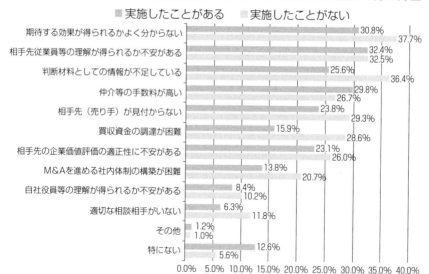

資料：株式会社東京商工リサーチ「中小企業の財務・経営及び事業承継に関するア
　　　ンケート」
（注）1．M&Aの実施意向について,「買い手として意向あり」,「買い手・売り手と
　　　　ともに意向あり」と回答した者に対する質問。
　　　2．複数回答のため,合計は必ずしも100％にならない。
　　　3．各回答数（n）は以下のとおり,実施したことがある：n＝429,実施した
　　　　ことがない：n＝880
（出典）「中小企業白書2021」に基づき筆者一部修正

図表Ⅰ-6：M&Aプロセスにおいてやり直したい取組み

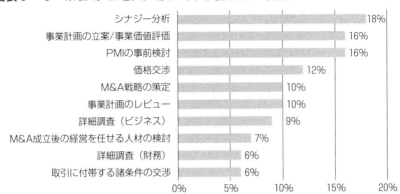

資料：KPMG「M&A Survey」（2019年3月）

（注）1．東京証券取引所一部上場企業2,067社に配布，292社から得た回答をもとにした調査。

　　　2．「国内案件」に関する回答のうち上位10項目のみを抽出。

（出典）中小企業庁「中小企業の経営資源集約化等に関する検討会取りまとめ～中小M&A推進計画～」（2021年4月28日）に基づき筆者一部修正

　なお，中小企業庁は2022年3月に「中小PMIガイドライン～中小M&Aを成功に導くために～」を公表しており，M&A成立後における事業統合作業に関する指針も示している。PMI[1]は買収対象企業の規模にかかわらずM&Aにおける大きな課題であるという点については周知の事実であるが，本ガイドラインの公表は中小企業M&Aにおいても同種の問題が生じていることを如実に表している。PMIは，"Post Merger"の略語を含むことからわかるように，主にM&A実施後に行われる作業ではあるものの，実務的にはM&A実施前に行う調査において極力情報を収集した上で，事前準備が必要とされるものでもある。この観点からはPMIは事前調査の質が問われるものであるとも言えよう。前述の各種アンケート結果から推測できるようにM&Aの効果実現に課題を残す現状においては，とりわけ本書で紹介している財務調査の局面においても買

1　PMIとはPost Merger Integrationの略称であり，一般的にM&A後において行われる経営・事業に関する統合作業全般のことをいう。

収後を見据えた有用な情報，すなわち実態面の財務状況やそこに至る背景等を含めたPMIに資する情報をいかにして収集できるかという点が重要であると思われる。

Column ① コラム

～事業再生局面におけるM&A ～

1　事業再生局面におけるM&A（再生型M&A）の意義

　M&Aが実施される局面は数多くあるが，事業再生手法の１つとしても広く活用されている。再生型M&Aにおける売り手企業の最大の目的は，買い手企業すなわち「スポンサー」支援による事業の継続・雇用の維持であり，再生型M&Aは買い手企業による売り手企業に対する救済の性格を有している。これは，従業員等を含めた当事者だけでなく，取引関係者やサプライチェーン全体にとっての利益にもつながるという要素もあり，再生型M&Aが果たす役割は非常に大きい。

2　再生型M&Aにおける留意事項

　一方で再生局面にある企業の業績は厳しく，赤字企業であることが大半だが，取引金融機関へ赤字決算の提示を回避すべく粉飾が行われていることも少なくない。また，売り手企業の資金繰りに余裕がないことや，事業価値の毀損を最小限に抑えるという観点から，買収までの時間的猶予がないケースも多い。そのため再生型M&Aにおける買い手企業は，時間的制約がある中で，粉飾がある可能性に留意しながら注意深く調査を進める必要がある。

3　再生型M&Aの動向

　中小企業庁が2021年４月に公表した「中小企業の経営資源集約化等に関する検討会取りまとめ～中小M&A推進計画～」によると，中小企業再生支援協議会（現・中小企業活性化協議会）関与の下で策定された債権放棄案件におけるスポンサー支援の割合は，平成25年度が３割程度であるのに対して令和元年度は８割程度であり，再生手法としてM&Aが利用されるケースが増加していることがうかがえる。

　近年の経済環境は，新型コロナウイルス感染症（以下，「新型コロナ」という）による業績悪化や，原材料費や燃料費の高騰，人件費の上昇など，企業にとって厳しい状況が続いている。一方で，実質無利子での融資や各種補助金等の新型コロナ支援策によって表面的には廃業・倒産件数の目立った増加はないが，水面下には多くの倒産予備軍が潜んでいると思われる。今後は，自主再建を諦めた企業が再生型M&Aを選択する場面も増加し，買い手企業がM&Aを検討する対象企業に再生企業が含まれてくる機会も増えることが予想される。

第 **II** 章

中小企業M&Aの特徴

....

1　買収価格

　M&Aを実施する関係者にとって大きな関心事の1つは買収価格である。買い手にとってのM&Aリスクには様々なものがあるが，最終的には買収価格が適切な水準とならないことがリスクの定量的な側面を端的に表すことになると考えられる。いわゆる"高値づかみ"である。

　中小企業M&Aにおける買収価格の算定は簡便的な方法が採用されることも多く，2020年3月に中小企業庁が公表した「中小M&Aガイドライン−第三者への円滑な事業引継ぎに向けて−」においては，①簿価純資産法，②時価純資産法（修正簿価純資産法），③時価純資産法（または簿価純資産法）に数年分の利益を加算する方法，④類似会社比較法（マルチプル法）の4つの算定方法が具体的に紹介されている。本来価格算定においては一般に理論的とされる他の手法も存在するものの，中小企業M&Aの実務動向や上記ガイドラインで簡便的な方法が公表されていること等に鑑み，本書では他の理論的な方法には触れないこととしている。ただし，実際の中小企業M&A実務においては買い手企業が大手企業である場合など，より理論的な価格算定が求められるケースにおいて他の手法が採用されることもある。価格算定が必ずしも上記4手法に限定されない点は留意されたい。

(1)　簿価純資産法

　簿価純資産法とは，貸借対照表の資産から負債を差し引いた純資産をもって買収対象となる事業の価値（ないし株式の価値）を算定する方法であり，M&A当事者が理解しやすく，算出も容易であるという特徴がある。一方で，帳簿価額と時価が乖離している場合や簿外となっている資産負債がある場合には価値を適切に表さないケースもある。

図表Ⅱ－1：簿価純資産法のイメージ

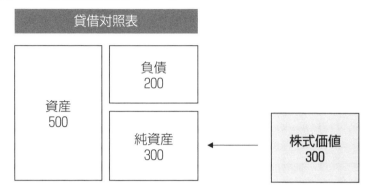

(2)　時価純資産法（修正簿価純資産法）

　時価純資産法とは，簿価純資産法と同様に貸借対照表の資産から負債を差し引いた純資産をもって買収対象となる事業の価値（ないし株式の価値）を算定する方法であるが，資産および負債を簿価ではなく時価で算定する点が簿価純資産法と異なっている。簿外となっている資産負債（保険の解約返戻金相当の資産や退職金債務等の負債など）を反映させることによって，より適切な財務実態に基づき価値を算定することが可能となる。なお，実務的にはすべての資産負債について時価を把握することは困難であるため，比較的重要でかつ時価の把握が容易なもの（不動産や有価証券など）のみを時価に置き直すことが一般的であり，この観点から修正簿価純資産法と呼ばれることもある。また，当該時価への置き換え作業には，滞留債権や滞留在庫といった資産性に疑義がある資産の減額調整なども含まれることが通常である。

図表Ⅱ－2：時価純資産法（修正簿価純資産法）のイメージ

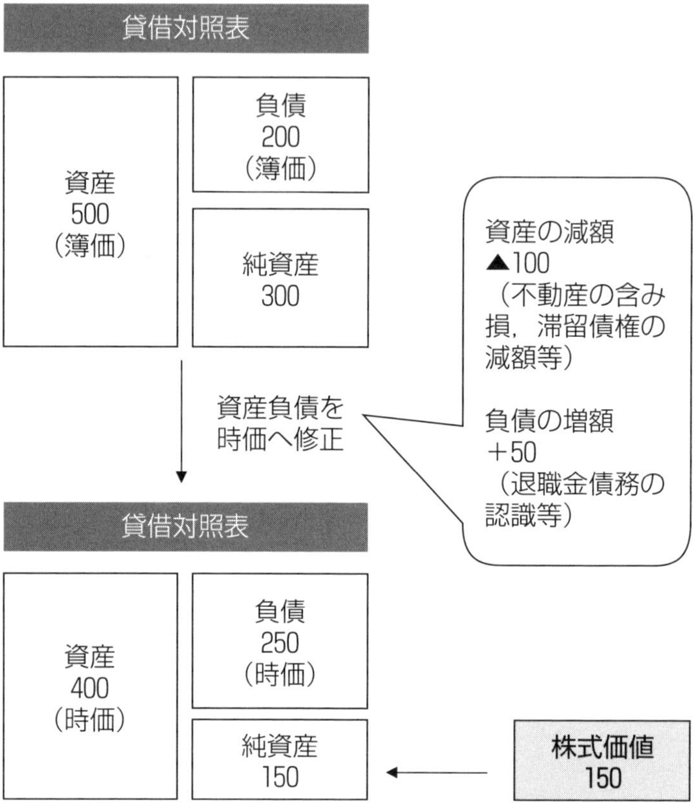

貸借対照表

| 資産
500
（簿価） | 負債
200
（簿価） |
| | 純資産
300 |

資産負債を
時価へ修正

資産の減額
▲100
（不動産の含み
損，滞留債権の
減額等）

負債の増額
＋50
（退職金債務の
認識等）

貸借対照表

| 資産
400
（時価） | 負債
250
（時価） |
| | 純資産
150 |

株式価値
150

(3)　時価純資産法（または簿価純資産法）に数年分の利益を加算する方法

　この方法は，(1)や(2)で算出した純資産に数年分の利益（営業利益や経常利益など）をのれん相当として加算して株式価値を算定する方法である。一時点における財産価値だけでなく将来の収益力も考慮することになるため，関係者の納得感が得やすく，また計算も容易であるため，中小企業M&Aでは頻繁に採用される手法である。

図表Ⅱ－3：時価純資産法（または簿価純資産法）に数年分の利益を加算する
　　　　　方法のイメージ

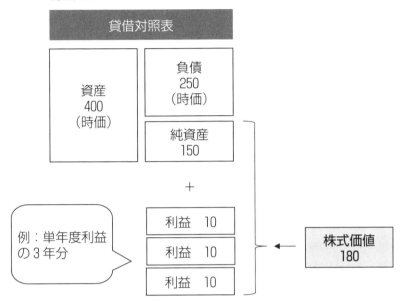

(4)　類似会社比較法（マルチプル法）

　類似会社比較法（マルチプル法）とは，対象会社に類似した上場会社の事業
価値等と財務指標（営業利益，EBITDA[1]等）の関係から算定した倍率をもと
に，対象会社の株式価値を算定する手法である。株式価値の算定方法としては
一般的な手法であり，M&A全般において実務で採用されることは多いが，対
象会社との類似性に問題があるケースや，対象会社の個別性が反映されにくい
という特徴もあり，中小企業M&Aにおいて必ず採用されるものではない。た
だし，おおよその株価目安を簡便的に把握するという観点では有用な手法の1

　1　EBITDAとは，「Earnings Before Interest, Taxes, Depreciation, and Amortiza-
tion」の略称であり，利払い前，税引き前，減価償却前の利益のことである。簡便的に
「営業利益＋減価償却費」の計算式で算定されることも多い。

つである。

図表Ⅱ－4：類似会社比較法（マルチプル法）のイメージ

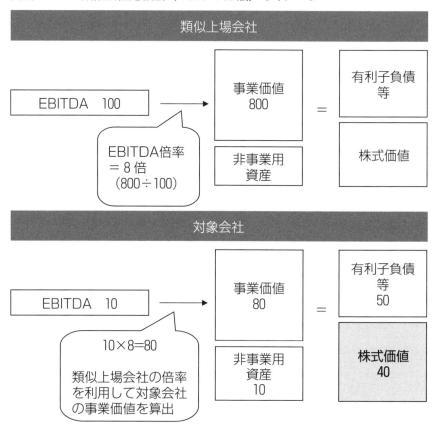

2 財務数値の重要性

　図表Ⅱ－5は，買い手としてM&Aを実施する際に重視する確認事項についてのアンケート結果である。最も多い回答こそ「事業の成長性や持続性」となっているが，「直近の売上，利益」や「借入等の負債状況」も上位に位置し

ており，それ以外にも「在庫や設備等の資産状況」など財務数値に関するものが多く含まれている。これを見ると，M&Aにおける対象会社の状況確認手段として財務数値が極めて重要な意味を持っていることがわかる。また，当該アンケート結果に含まれている「事業の成長性や持続性」，「リスク情報」など他の項目についても，過去の売上，利益の実績確認やそれらをきっかけとした各種ヒアリングによって把握できることが多く，調査の入り口として財務数値が持つ意味はとてつもなく大きいとも言える。また，1で示したように中小企業M&Aにおける買収価格は過去の財務数値実績（利益水準や資産，負債（および純資産））に基づき試算されることが多く，これらの財務数値の見誤りはそのまま買収価格の見誤りにもつながるため，この点からも重要性が高いと考えられる。

　一方で，中小企業の財務書類は大企業のそれと異なり，外部の会計監査を受けていることはまれであり，そもそも誤りが生じやすいものである。また，中小企業における財務書類の作成目的は税務申告における税金計算を行うことであることがほとんどであり，税務目的で作成される財務書類は財産価値・収益力の実態や将来における参考値を示す観点からは適していないことも多い。そのほか，中小企業における財務書類は，重要な資金調達先である金融機関に対する業績報告資料の意味を持っており，とりわけ財務状況の悪化は調達金利の引上げ，融資の引上げにもつながりかねないため，財務状況を良く見せるインセンティブが働きやすい状況下で作成されているものだという点も意識すべきである。これらの要素を考慮すると，中小企業の財務書類はおおよそM&Aの買い手にとってはリスク，すなわち買収価格試算にあたってこれを見誤るリスクを多分に含んだものであることから，それだけ注意深く確認する必要がある。

図表Ⅱ－5：買い手としてM&Aを実施する際に重視する確認事項

項目	割合
事業の成長性や持続性	61.6%
直近の売上，利益	57.6%
借入等の負債状況	56.0%
経営陣や従業員の人柄や意向	54.3%
既存事業とのシナジー	54.2%
技術やノウハウ等の経営資源	45.6%
リスク情報	31.4%
在庫や設備等の資産状況	31.1%
相手先のネームバリューやブランド	10.8%
その他	1.0%

資料：株式会社東京商工リサーチ「中小企業の財務・経営及び事業承継に関するアンケート」
（注）　1．M&Aの実施意向について，「買い手として意向あり」，「買い手・売り手とともに意向あり」と回答した者に対する質問。
　　　　2．複数回答のため，合計は必ずしも100％にならない。
（出典）「中小企業白書2021」

3　売り手企業の売却目的

　売り手企業がその事業を売却する目的は事前に説明されることが通常であるが，買い手企業にとってはその真意を探ることも買収時における重要な確認項目の1つである。売り手による売却経緯には多少ネガティブな要因が含まれていることが通常であり，これは買い手企業にとってはリスクにもなるためである。

　図表Ⅱ－6，図表Ⅱ－7をご覧いただきたい。図表Ⅱ－6は実施主体である企業に対して行った「売り手としてM&Aを検討したきっかけや目的」についてのアンケート結果であり，図表Ⅱ－7は，これらの企業から相談を受ける支援機関に対して同様に，「対応することの多い売り手企業のM&Aのきっかけや目的」を問うたアンケート結果である。企業に対するアンケート結果である

図表Ⅱ－6では，従業員の雇用の維持や事業の成長・発展，後継者不在などが上位に位置しているが，支援機関からの回答結果である**図表Ⅱ－7**では，圧倒的に後継者不在が上位であり，事業の成長・発展は相対的にみてかなり低い割合となっている。また，支援機関の種類によっては事業の再生が2番目に多い回答結果となっている点は興味深い。この資料のみをもって断定的な判断をすることはできないが，**図表Ⅱ－7**の支援機関を介したアンケート結果では売り手企業側の本音が垣間見える。つまり，売り手企業にとっては後継者が不在であることから雇用維持等を目的として売却を意図するケースが多いと思われ，企業自身による事業の発展や将来性に限界を感じているケースも相応にあると考えられる。ただし，この状況は近年の国内経済環境からみれば当然であり，M&Aに携わる多くの関係者にとっては想定の範囲内の話でもある。そもそも事業の成長や将来性に何らネガティブな要素がないのであれば，後継者不足に悩むこともそう多くないはずである。ここで重要なことは，買い手企業側もこれらのネガティブな要素をしっかりと正確に認識し，事業の担い手を変えることによって，これらをいかにポジティブな要素へ変換できるかであり，これがM&Aを推進する意義でもある。買い手企業は買収対象企業にネガティブな要素が含まれていることを認識していることも多いと思われるが，どうしても買収取引の成立を優先してネガティブな要素の深掘りを敬遠しがちなケースがある。しかし，これらを正確に認識しておくことは，買収後の統合作業（前述のPMI）にも大きな影響を与え，買収価格の適切性を判断するために避けられないテーマでもある。

　なお，巻頭の「はじめに」にも記載しているが，本書は決して，M&Aのネガティブな側面に注目を集めることが目的ではなく，買い手企業が適切なリスク認識を持った上でM&Aに取り組むことによって，買収後の成長確率を高めるきっかけとしていただきたいという意図を持って書いていることはくり返し申し添えたい。

図表Ⅱ－6：売り手としてのM&Aを検討したきっかけや目的

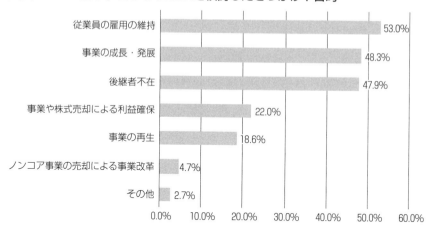

資料：株式会社東京商工リサーチ「中小企業の財務・経営及び事業承継に関するア
ンケート」
（注）1．M&Aの実施意向について「売り手として意向あり」,「買い手・売り手と
　　　　もに意向あり」と回答した者に対する質問。
　　　2．複数回答のため，合計は必ずしも100％にならない。
（出典）「中小企業白書2021」に基づき筆者一部修正

図表Ⅱ－7：M&A支援機関別，対応することの多い売り手企業のM&Aのきっ
　　　　　かけや目的

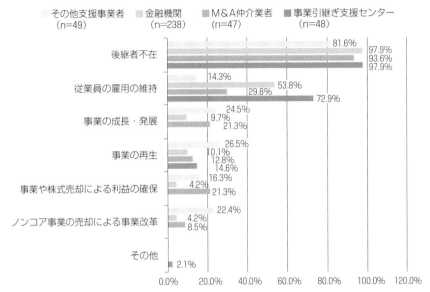

資料：株式会社レコフデータ「中小M&Aに関するアンケート調査」
（注）1．複数回答のため，合計は必ずしも100％にならない。
　　　2．対応することの多い売り手企業のM&Aのきっかけや目的について，上位
　　　　　2つまでを確認している。
　　　3．「その他支援事業者」は，「フィナンシャル・アドバイザー」，「M&Aプラッ
　　　　　トフォーマー」，「公認会計士」，「税理士」，「その他」を集計している。
（出典）「中小企業白書2021」に基づき筆者一部修正

Column ② コラム

〜 DCF法の紹介〜

　純資産法および類似会社比較法については本章で紹介したとおりであるが，買収価格の算定方法としてDCF法についても紹介したい。DCF法は，将来獲得することが期待されるフリー・キャッシュ・フロー（FCF）[2]を割引率[3]で割り引いた現在価値合計によって事業価値を計算し，非事業用資産等の加算および負債価値を控除することにより株式価値を算定する手法である。DCF法は株式価値算定方法として広く一般的に利用されているものであるが，将来FCF算定にあたって利用できる合理的な事業計画があることが前提となる。しかし，中小企業は，そもそも事業計画を作成していないケースや，事業計画はあるもののその精度の問題等により利用できないことも多く，結果として前述の純資産法等が採用されることが少なくない。また，割引率の算定根拠が理解しづらく，売買当事者のみでは交渉が難しくなりやすい点も採用されない理由の１つと思われる。一方でDCF法の長所としては，対象会社の独自のキャッシュ・フロー予測により価値算定を行うことから，対象会社固有の価値を反映しやすい点が挙げられ，継続企業の評価方法としては理論的とも言われている。中小企業の場合でも一定の精度を有する事業計画が存在するケースや，買い手側で精度の高いキャッシュ・フロー予測が可能な場合には，価値算定の手法としては有用であり，単独または他の評価手法と併用して活用することも視野に入れたい。

2　FCFは，「税引後営業利益＋減価償却費－投資±運転資本増減」の計算式にて算定される。

3　割引率は，資金調達側の概念として負債コストと株主資本コストをウェイト付けした加重平均資本コストが用いられる。また，株主資本コストは一般に資本資産評価モデル（Capital Asset Pricing Model）が採用されている。

（DCF法イメージ）

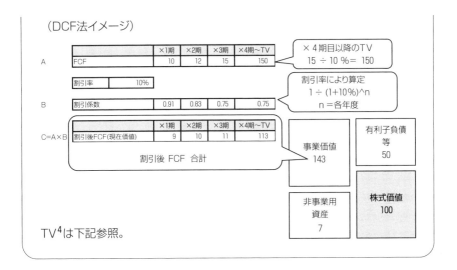

TV^{4}は下記参照。

4　TV（ターミナル・バリュー）は継続価値とも呼ばれ，一般には計画最終年度の翌年以降のFCFを計画最終年度末時点に割り引いて計算される。

財務調査のポイント

1　財務調査の入り口

　本章では，実際のM&Aにおける財務調査のポイントについて紹介していく。なお，本書はM&Aにおいて買い手が財務的な諸問題を発見するために有効なアプローチという観点を主眼としているため，紹介する調査方法もその観点を意識した限定的なものである。M&Aにおける財務調査で一般的に行われる調査方法を網羅的に示したものではない点につき，ご留意いただきたい。また，粉飾決算を想定したケースについては第Ⅳ章，第Ⅴ章もあわせて参照されたい。

　まず，財務調査の初期段階で行う概括的な調査は非常にシンプルなアプローチであり，基本的な調査項目をしっかりとやり抜くことが最も重要である。制約の多い中小企業M&Aにおいては，詳細な調査を行うことが現実的ではないことも多いため，とりわけこのような概括的な調査が重要な意味を持つ。

　初期調査の段階では，細かい証憑類の確認などは実施せず，ヒアリングや財務分析を中心に対象会社の概要を把握していくことが一般的であるが，まず財務分析における必要な視点は数値間の比較である。

　どのような財務書類でも同様であるが，最も簡単に行うことができる分析が去年，一昨年といった過年度の数値と今年の数値等を比較することである。そして，大きく増加している項目（科目）や大きく減少している項目（科目）を中心に，その理由をヒアリングで確認していくのである。これは難しいことではなく，簡単な分析作業ではあるが，実のところこのような基本的なアプローチが非常に重要である。また，この作業は損益計算書のみを対象として実施するだけでは足りず，貸借対照表や資金の動きも含めて複数の財務書類に対して並行的に行うことが必要である。なぜならば，異なる種類の財務書類における変動状況の連動性や同じ財務書類内における異なる項目間の変動状況の整合性を確認することによる気づきも多いためである。このような複数指標を用いた比較分析は，過去からの推移における変動状況だけでなく，一時点における異なる財務書類間においても有効なケースが多い。例えば一般的に行われる回転期間分析（後述）は異なる財務書類間（損益計算書と貸借対照表）の一時点における比較作業の一種である。買い手企業が外部専門家の調査を活用する場合

にはこのあたりのフォロー，サポートを受けるという意味合いも大きいと思われるが，外部専門家を活用する前段階においても目立つ部分については買い手企業自身で事前に確認しておくと，調査時のポイントがつかみやすいと思われる。

　前章でも述べたが，中小企業が作成する財務書類にはそもそも誤りが多いことが一般的である。単純な誤りであればいざ知らず，悪意を持って財務書類を改竄している場合や，改竄とまではいかなくても極力財務状況を良く見せることができる経理処理を選択して財務書類が作成されていることも少なくない。そしてこれをチェックする外部会計監査のような仕組みも備わっていないことが通常である。中小企業を買収対象とした買い手企業としては，前提条件として常に意識すべき点である。当たり前のことであるが，売り手企業は“できるだけ高く売却したい”という意向の下にM&Aを進めており，信義則に反しない範囲ではわざわざ自身が不利になる情報を積極的に出さないことが通常である。

図表Ⅲ－1：財務分析のイメージ

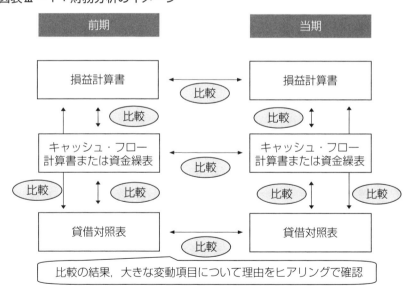

2 貸借対照表のポイント

　次に，貸借対照表の調査におけるポイントを紹介する。まず，最初に貸借対照表の調査ポイントに触れることについては明確な理由がある。一般的に財務調査においては損益計算書が注目を集めることも非常に多いが，財務数値上の問題点を発見するという視点においては貸借対照表に着目するほうが有効なことが圧倒的に多いためである。決して損益計算書が重要ではないということではないが，損益計算書という財務書類は数千，数万という取引の集合結果であり，いかに規模が小さい中小企業とはいえ，これらの個別取引を確認することによって何かしらの財務的な誤りや問題点を発見することは至難の業である。一方で，貸借対照表は多くの取引を積み上げた結果，一時点において残っている資産や負債のみが表示されており，単純に調査の対象物が損益計算書と比較して圧倒的に少ない。しかも，財務書類の構造上，財務的な問題点は貸借対照表に集約されて表現されるという特徴があるため，ここに着目することが効率的な調査という観点からも重要である。。**図表Ⅲ－2**は損益計算書で架空の利益計上が行われた場合の貸借対照表のイメージを示したものであるが，貸借対照表はその仕組み上，資産合計と負債・純資産合計が一致することになるため，利益計上により膨らんだ純資産に見合う資産の増加や負債の減少が必要となる。よって，架空の利益計上が行われていた場合，貸借対照表上では何らかの架空資産の計上や，本来あるべき負債の過少計上が行われることになる。このような状況を発見するためには，無数にある損益取引から架空のものを探索するよりも，貸借対照表上で残っている資産・負債の中で，問題のある残高（資産価値に疑義がある残高等）を特定するほうがはるかに効率的であることは明らかである。また，貸借対照表はこれまでの取引結果の累積としての財政状態を示すものであるため，架空計上が行われたタイミングが1年前であろうと10年以上前であろうと，適切な修正処理が行われていない限り，架空資産等は残り続けることになる。つまり，古い時期に行われた粉飾処理等は近年の損益計算書上の取引からは把握できなくても貸借対照表上ではその形跡が残り続けることになる。あるいは，当初は適切な取引に基づき計上された資産であっても，そ

の後，何らかの事情により資金化が困難となり，不良資産化することもある（図表Ⅲ－3）。中小企業の財務書類では，不良資産であっても減額処理が行われずにそのまま貸借対照表上の資産を構成しているケースが多いが，このような状況も損益計算書の調査のみでは発見が難しい。なお，第Ⅱ章1で説明したように，中小企業M&Aにおいては貸借対照表の純資産は買収価格のベースになりやすく，大きなウェイトを占めることも多い。中小企業M&Aにおいて適切な純資産価値を把握することは非常に重要である。

　次に，具体的な調査ポイントであるが，まず，直近の貸借対照表全体を俯瞰し，大きなウェイトを占める資産科目は何か，大きなウェイトを占める負債科目は何かについて具体的に把握することが重要である（図表Ⅲ－4）。言い換えれば，貸借対照表の純資産価値を構成する重要な項目は何であるかについて把握するということである。これは貸借対照表の重点確認項目を明確にするためでもある。なお，貸借対照表の重要項目の具体的な中身を把握するにあたっては決算資料に通常添付されている勘定内訳書を査閲することが最も手軽な方法である。

　次のポイントは，本章1で説明した比較分析である。最低でも過去3年程度は科目別の推移状況を確認し，大きな変動項目についてはヒアリング等でその要因を把握することが必要である（図表Ⅲ－5）。また，そのほか重要な分析が，損益計算書で計上されている取引金額との比較であり，最も一般的なものが回転期間分析である（図表Ⅲ－6，Ⅲ－7，Ⅲ－8）。これらは，いずれも貸借対照表上の残高について，対応する損益計算書科目の残高と比較して，どの程度の期間分の残高が計上されているかについて確認する分析である。例えば，図表Ⅲ－6の売掛金の回転期間分析を見てみると，計算結果は4カ月分となっているが，仮に対象会社の商流において売掛金の回収サイトが1カ月程度である場合などでは完全に異常値である。期末月に大きな売上高が計上されているケースや，長期滞留している売掛金が含まれているケースなど，想定される要因は複数考えられるが，少なくともヒアリングで確認する内容の1つにはなり得よう。回転期間分析は計算自体が非常に容易であり，また，損益面と財産面の双方から多角的な分析を可能にするという点でも有効な分析手法である。

図表Ⅲ－2：粉飾時における貸借対照表のイメージ

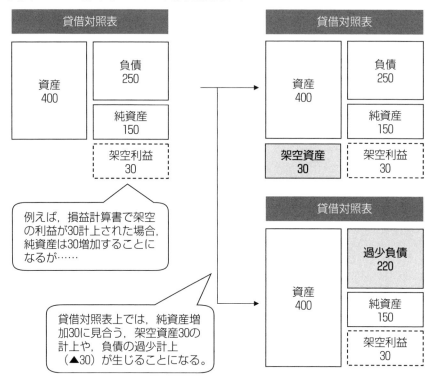

図表Ⅲ-3：貸借対照表に不良資産があるケース

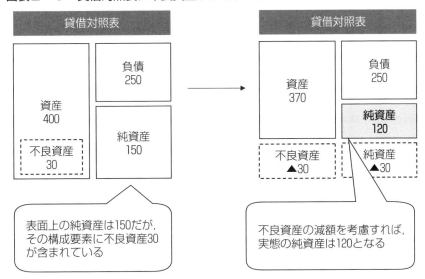

図表Ⅲ-4：貸借対照表の概要把握

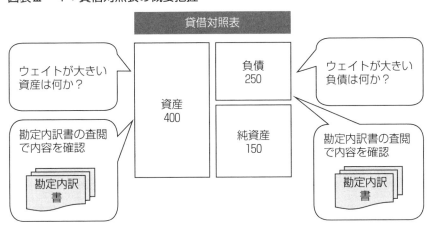

図表Ⅲ－5：貸借対照表の推移分析

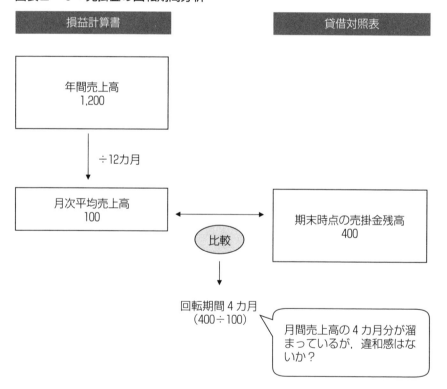

貸借対照表

（貸借対照表）	A	B	C	B-A	C-B
	×1期	×2期	×3期	×2期	×3期
…	…	…	…	…	…
売掛金	200	300	400	100	100
棚卸資産	300	200	225	▲100	25
…	…	…	…	…	…
…	…	…	…	…	…
資産合計	…	…	…	…	…

財務推移の中で大きな変動をピックアップし，ヒアリングによって要因を確認

図表Ⅲ－6：売掛金の回転期間分析

損益計算書　　　　　　　　　　　貸借対照表

年間売上高
1,200

÷12カ月

月次平均売上高
100

期末時点の売掛金残高
400

比較

回転期間4カ月
（400÷100）

月間売上高の4カ月分が溜まっているが，違和感はないか？

図表Ⅲ－7：棚卸資産の回転期間分析

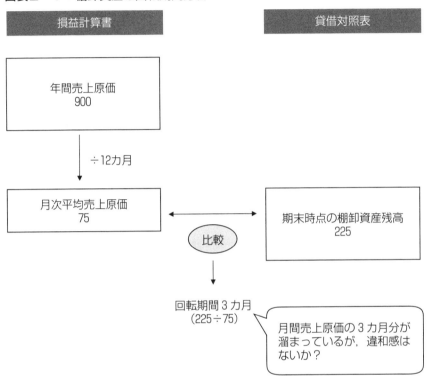

図表Ⅲ－8：買掛金の回転期間分析

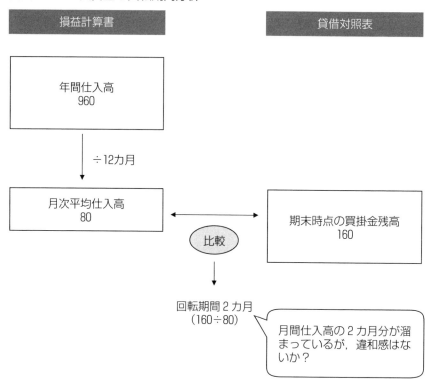

3 損益計算書のポイント

　次に，損益計算書の調査ポイントを紹介する。損益計算書については，すで
に述べたように多数の取引の集合体であることから，個別に取引を確認するこ
とは現実的ではなく財務分析が主な調査手段となる。つまり，過去からの推移
状況と大きな変動要因のヒアリング確認である。ただし，損益計算書は分析調
査に頼らざるを得ないため，できるだけ細かい分析が必要となる。例えば，費
目別や利益率の分析はもちろんのこと，事業部門別，製品別，拠点別など決算
書のみでは把握できないセグメント別の損益分析を組み合わせることが通常で
ある（**図表Ⅲ－9**）。また，このような分析手続を行ったとしても，これだけ
で何かしらの財務数値の誤りを発見することは困難なことも多く，他の財務書
類（貸借対照表やキャッシュ・フロー計算書等）との関係性から見た異常性や，
貸借対照表調査から発見した問題点を手掛かりに損益計算書の特定部分の分析
を深耕していくことが実務的な対応となる。また，損益計算書分析においては
ヒアリングによって数値変動の根拠や背景事情，経緯などを確認することが極
めて重要でもあり，多方面の切り口から得たヒアリング回答の中で，矛盾点の
有無を確かめることも必要なアプローチである（**図表Ⅲ－10**）。なお，本書の
目的から少し外れるため，あえて説明はしていないものの，本来，M&Aにお
ける買い手の立場からすれば，分析における一番の目的は対象会社の本来の収
益力と買い手とのシナジーによる伸びしろの部分を見極めることであるため，
分析・ヒアリングのメッシュはこれに沿ったものとなるのが通常である。その
観点からは，損益計算書の分析は多くの場合，M&A後に想定される利益水準
を推測するために必要な調整項目（一過性の取引による利益計上や将来大きく
変動することが想定される損益項目など）を洗い出す作業や，将来の損益水準
を推し量る上で，参考となる過去の実績水準を見極める作業等となり，財務数
値の純粋な誤りを発見することを主目的として分析を行うことは少ないと考え
られる。

　そのほか，損益計算書分析において留意すべき点は，段階損益区分の適切性
である。中小企業の損益計算書では，段階損益区分が適切に行われていない

ケースも多く，売上原価として処理すべき項目が販売費及び一般管理費に計上されているケースや，売上原価または販売費及び一般管理費として処理すべき項目が営業外損益や特別損益として処理されていることもある。結果として，売上総利益（および売上総利益率）や営業利益（および営業利益率）といった本業で稼ぐ収益力を示す段階損益が正確な数値となっていない状況が生じることになる。売上総利益率・営業利益率が極端に高い場合などは特に注意が必要である。

図表Ⅲ－9：損益計算書の推移分析

損益計算書

（損益計算書）

	A ×1期	B ×2期	C ×3期	B−A ×1期	C−B ×2期
売上高	1,000	1,100	1,200	100	100
売上原価	750	800	900	50	100
売上総利益	250	300	300	50	−
売上総利益率	25%	27%	25%		
販売費及び一般管理費	180	200	250	20	50
営業利益	70	100	50	30	▲50
…	…	…	…	…	…
…	…	…	…	…	…

財務推移の中で大きな変動をピックアップし，ヒアリングによって要因を確認

（販管費）

	A ×1期	B ×2期	C ×3期	B−A ×1期	C−B ×2期
…	…	…	…	…	…
人件費	80	100	120	20	20
減価償却費	30	20	20	▲10	−
…	…	…	…	…	…
販管費合計	180	200	250	20	50

（セグメント別）

	A ×1期	B ×2期	C ×3期	B−A ×1期	C−B ×2期
A事業	600	550	500	▲50	▲50
B事業	300	300	350	−	50
C事業	100	250	350	150	100
売上高合計	1,000	1,100	1,200	100	100

決算数値以外のセグメント別数値もできるだけ確認

図表Ⅲ－10：損益計算書ヒアリングのポイント

損益計算書

（損益計算書）		B-A	C-B
		×1期	×2期
売上高	…	100	100
売上原価	…	50	100
売上総利益	…	50	-
売上総利益率	…		
販売費及び一般管理費	…	20	50
営業利益	…	30	▲50
…	…	…	…

それぞれの説明内容に矛盾点や違和感はないか？

貸借対照表

キャッシュ・フロー計算書

（販管費）		B-A	C-B
		×1期	×2期
…	…	…	…
人件費	…	20	20
減価償却費	…	▲10	-
…	…	…	…
販管費合計	…	20	50

他の財務書類の各項目における変動状況と比較して違和感はないか？

（セグメント別）		B-A	C-B
		×1期	×2期
A事業	…	▲50	▲50
B事業	…	-	50
C事業	…	150	100
売上高合計	…	100	100

4　キャッシュ・フロー計算書のポイント

　最後に，キャッシュ・フロー計算書の調査ポイントについて紹介する。中小企業では税務申告において必要とされないキャッシュ・フロー計算書は作成されていないことが通常であるため，これは外部専門家の活用も含めて，買い手側が別途作成しなければ確認できない情報となる。ただし，大局的な観点から財務数値の諸問題を発見する上で，キャッシュ・フロー計算書の確認は有効である。なぜならば，キャッシュ・フローの動きは"嘘をつかない"ことが多いためである。つまり，いかに損益計算書上の利益が発生していようとも，その中身が実態を伴っていなければ，最終的には資金回収がなされずにキャッシュ・フローには反映されないということである。そして，キャッシュ・フロー計算書では多くの場合，その大まかな要因も明らかとなる。**図表Ⅲ−11**は間接法により作成されたキャッシュ・フロー計算書の例であるが，税引前当期純利益が500となっており，損益計算書上は利益が発生していることがわかる。ところが営業キャッシュ・フローは▲300のマイナスである。その要因を見ていくと，売掛金の増加や棚卸資産の増加が多く，利益がキャッシュ・フローに結び付いていない状況が見える。そして重要なポイントは，この売掛金・棚卸資産の増加の原因が何であるか，ということである。回収サイトや生産リードタイムの長期化が要因であることもあるし，あるいはこれらの資産が不良資産化しているケース，最悪の場合には粉飾決算による利益計上に伴う架空資産であった可能性すらあるということである。ややネガティブな想像に過ぎると思われるかもしれないが，中小企業を対象としたM&Aというものは，本来それぐらいの可能性を視野に入れて進めることが重要である。このようなキャッシュ・フロー状況が直ちにネガティブな要因に結びつくわけではないが，いずれにせよキャッシュ・フロー計算書はM&Aにおける買い手企業にとって多くの有用な情報をもたらしてくれることは間違いないと考えられる。

　また，仮にキャッシュ・フロー計算書の確認が難しい場合であっても，これに近い簡単な分析確認は可能である。分析と呼べるほどのものではないが，貸借対照表上の現金預金の変動状況と損益計算書の利益水準を比較する方法であ

る。厳密には損益計算書の利益に現金支出を伴わない減価償却費を加算した償却前利益（つまり，簡易的なキャッシュ・フロー）を算出し，これと現金預金の増加（ないし減少）状況を比較するのである。**図表Ⅲ－12**はその計算例であるが，この例では償却前利益がプラスであるため，事業によりある程度のキャッシュ・フローを獲得している状況がうかがえるが，貸借対照表上の現金預金の変動をみるとほとんど増加していない。このような場合には獲得した事業キャッシュ・フローが何かしらの要因でマイナスに振れていることがわかる。前述のように売掛金や棚卸資産といった運転資本の増加が生じているケースや，設備投資資金として利用しているケース，借入金への弁済に充当されて，手許資金にほとんど残らないケースなど，いろいろなパターンが考えられるが，ヒアリング分析を行う際の切り口になるものである。

図表Ⅲ－11：キャッシュ・フロー計算書の例

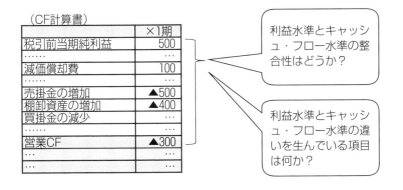

図表Ⅲ-12：償却前利益と現金預金の変動状況

損益計算書

（損益計算書）

	×1期	×2期	×3期	
売上高	1,000	1,100	1,200	
売上原価	750	800	900	
売上総利益	250	300	300	
販売費及び一般管理費	180	200	250	
営業利益	70	100	50	A
経常利益	60	60	60	B
当期純利益	50	50	50	C
減価償却費	30	20	20	D
償却前営業利益	100	120	70	A+D
償却前経常利益	90	80	80	B+D
償却前当期純利益	80	70	70	C+D

> 償却前利益のプラスが現金預金の増加に結び付いているかどうか？

貸借対照表

（貸借対照表）

	×1期	×2期	×3期
現金預金	20	30	20
…	…	…	…
…	…	…	…
資産合計	…	…	…

5　その他の調査ポイント

　最後に，その他の重要な調査ポイントについて3点紹介する。まず，1点目が月次試算表である。中小企業は年度末の決算時期には相応に適切な決算書を作成していると思われるが，月次時点ではかなり簡便的な数値作成をしていることが多い。穿った見方をすると，月次試算表は対象会社の素のままの数値状況が見えやすい部分もあり（資金繰りに近い情報が見えることもある），数値管理のレベル感も出やすい。また，仮に粉飾決算等が行われているケースにおいても月次数値は"お化粧"が薄いこともよくある。M&Aにおいては期中の損益動向等を確認するために月次損益計算書を確認することが多いと思われるが，ぜひ貸借対照表の推移状況も確認してみることをお勧めする。

　2点目が対象会社の商流，外部環境の状況把握である。当然のことながら，財務数値の推移はその事業が直面している外部環境の影響を受けている。外部環境の状況と比較して違和感のある動きがある場合には相応の理由があることが通常である。業界環境が不調な局面において業績が改善傾向にある場合や，業界環境が好調な局面であるにもかかわらず，業績が悪化しているケースなどである。最低限の商流，外部環境把握ができていなければ違和感を持つことすら困難となるため，特に異業種事業を買収する際には留意が必要と思われる。財務分析は全般的に比較作業という側面を持っているが，これは数値間の比較のみならず，このような定性的な情報との比較も含んでいる。

　最後に，3点目としてヒアリングの重要性である。これまでの貸借対照表，損益計算書等の調査ポイントでも述べてきたが，分析には必ずヒアリングが必要であり，これらの回答結果からの判断，推測が重要な意味を持つことも多い。特に数値の誤りを発見するという観点からは，本章で述べてきたすべての調査手続全般をベースにしつつ，多面的なヒアリングにより矛盾点を炙り出す作業が有効であり，相応のスキルも必要とされるものである。ただし，具体的な事例パターンを想定できることによってある程度の対処は可能であるため，第Ⅴ章で紹介する事例集も参考にしていただければ幸いである。

Column ③

～ M&Aにおけるデュー・デリジェンス～

　本書は，主に財務調査，つまり財務デュー・デリジェンスの実施局面を前提とした内容が中心となっているが，デュー・デリジェンスにはいくつかの種類が存在する。そもそもデュー・デリジェンス（Due Diligence）とは，主に買い手側が売り手企業の経営実態を様々な角度から行う各種調査であり，財務デュー・デリジェンス以外に一般的なものとして事業（ビジネス）デュー・デリジェンスや法務デュー・デリジェンス，税務デュー・デリジェンスなどがある。これ以外にも環境デュー・デリジェンスやITデュー・デリジェンス，人事・労務デュー・デリジェンスなど，さらに細分化された調査が実施されることもあるが，総じてデュー・デリジェンスを行う目的は，M&Aによる買収可否の判断（価格も含めて）に資する情報を得ることである。したがって，当該目的やリスクの程度に応じて必要とする調査の種類や深度について買い手企業自身が判断することも重要である。調査はできるだけ深度をもって多面的に行われることが望ましいが，中小企業を対象としたM&Aの場合は，予算や時間的制約があることも多く，現実的には調査ポイントを絞る必要性も高い。一般的には財務調査に加え，事業（ビジネス），法務の2項目を加え，多くても計3項目程度の調査を行うというケースが多いのではなかろうか。また，これら3項目についても買収後の事業運営に関するリスクを抽出するためには実施することが望ましいが，必ずしもすべてやらなければならないものではない。あくまで，M&Aにおけるリスクや重視しているポイントに応じた調査を行うというスタンスが重要と考えられる。また，買収後の事業運営や既存組織との統合に向けた問題点の洗い出しという視点も必要である。

　なお，これらの調査は外部の専門家を活用することが前提となると思われるが，例えば事業（ビジネス）に関する調査であれば，社内人材のほうが業界や事業運営に精通し，より統合後を意識した調査ができる可能性があり，人事についても，人事部が自ら調査を行うことで効率的に情報を得ることができるなど，自社リソースを活用したほうがより目的に合致した調査ができるケースもある。自社のリソースと外部専門家をうまく並行活用しながら調査を進めることが効率性の観点からは重要と思われる。最後に，各調査における一般的な外部専門家を以下に示すので参考にされたい。

調査項目	主な専門家
財務・税務	公認会計士・税理士
事業	コンサルティング会社・中小企業診断士
法務	弁護士
人事・労務	弁護士，社会保険労務士

第 **IV** 章

粉飾決算対応のポイント

....

1　粉飾決算の目的

　粉飾決算とは一般に財務書類の改竄をいい，単なる誤りではなく"意図的な"誤りを指す言葉として用いられる。粉飾決算が行われる経緯は様々であり，その分類の仕方にもいろいろな考え方があると思われるが，一例として「業績の改竄」を目的とする場合と「横領等の隠蔽」を目的とする2種類に大別することができる。

(1)　業績の改竄

　粉飾決算の多くは業績を改竄することを目的として行われる。特に中小企業は間接金融を中心としていることから，銀行関係者に対し融資判断の材料として決算書を提示することが通常であり，その業績いかんでは資金調達に大きな影響が生じるため，銀行関係者に対して業績を良く見せることを目的とした粉飾決算が行われるケースが多い。また，大手企業と取引を行う中小企業などでは取引先の求めに応じて決算書を提出するケースもあり，そのような場合には，業績悪化を理由とした取引中止を免れるために粉飾決算が行われることもある。M&Aにおける財務調査等で粉飾決算の存在が明らかになることもあるが，その多くは実態よりも高値での事業売却を主目的として行われているというよりは，上述のような他の目的から粉飾決算を継続的に行っている中で，そのままM&Aの局面に至ったというケースが多いのではなかろうか。

　一方で，業績を「悪く見せる」粉飾，いわゆる"逆粉飾"というものも存在する。これは，利益を実態よりも過少に計上することによる税負担の軽減（いわゆる脱税に近い）を目的に実施されることが多い。M&Aにおいてこのような逆粉飾は売り手にとって不利（買収価格が実態よりも低くなる）に働くため，何らかの形で実態の収益力が高いことを説明する，すなわち，逆粉飾の実態を自ら明らかにすることもあり得なくはないであろう。一方で，逆粉飾は見方を変えれば，将来の追加税負担発生のリスク（逆粉飾の実態が税務当局に対して明らかになった場合には追徴課税が発生する可能性）が存在することを示して

いるため，買い手企業としては留意すべき点である。

(2)　横領等の隠蔽

　粉飾決算のもう1つの目的は「横領等の隠蔽」である。つまり，会社財産が何らかの形で流出し，当該資産流出の発覚を回避することを目的として行われる粉飾決算である。例えば，従業員等（経営者自身であることもあるが）による現金の横領が行われた場合，これをそのまま帳簿に記録すると当然のことながら容易に発覚してしまうため，流出した現金があたかも実際に残高として残っているかのように数値を改竄するケースである。横領等の隠蔽が存在する局面では，粉飾決算を行っている当事者が経営者以外の従業員であるケースもあり，そのような場合にはM&Aの局面において初めて売り手企業自身が粉飾決算の存在を認識することもある。

図表Ⅳ－1：粉飾の目的

粉飾の目的		具体的な目的例
業績の改竄	業績を「良く見せる」	● 銀行に対する信用維持，融資等 ● 取引先との取引継続 ● 許認可の維持
	業績を「悪く見せる」	● 利益過少計上による税負担の軽減
横領等の隠蔽		● 従業員による会社資産横領の隠蔽 ● 経営者による会社資産私的利用の隠蔽

2　粉飾手法および財務諸表の特徴

　粉飾決算では，その目的にかかわらず，実態と乖離した会計処理が行われることになるが，シンプルに言えばその手法は架空の資産を計上するか，あるべき負債を過少に計上するかのいずれかである。粉飾決算が行われた財務諸表は，

特に貸借対照表においてその歪みが必ずどこかに生じるものである（第Ⅲ章2
を参照）。そうすると，具体的に貸借対照表上のどのような勘定科目にその歪
みが生じるケースが多いか，という点が重要となるが，中小企業の場合は特定
の科目に集中する傾向が強い。具体的には売掛金や棚卸資産，買掛金，借入金
などである。なぜならば，これらの勘定科目は事業の中心となる主要科目であ
ることが多く，そもそもの金額が大きくなりやすいことから多少の数値改竄が
目立たないためである。また，中小企業においては，複雑な経理処理を行う
ケースはまれであり，他に改竄しやすい勘定科目が多くないという背景事情も
ある。いずれにせよ，元々の残高水準が大きい科目が利用されやすい傾向があ
ると思われる。また，中小企業では現金や預金という勘定科目を利用した粉飾
決算が行われることも相応にある。通常，現金や預金という科目は，その実際
の残高を確認することが極めて容易（現金であれば，現物の確認，預金であれ
ば通帳残高や残高証明書の確認）であることから，粉飾決算が発覚しやすいと
も思われるが，中小企業では人的リソースが十分ではないため，財務業務が経
理担当者1名で行われているケースも多く，社内での牽制機能が働きづらい状
態となった結果，長期間にわたって粉飾決算が発覚しないようなことも起こり
得るのである。

　なお，粉飾決算が行われているケースでは決算書だけではなくこれに添付さ
れている勘定内訳書でも改竄等が行われることがある。例えば，金融機関から
の借入金がある場合には，決算書・勘定内訳書・税務申告書を金融機関に提出
していることが通常であるが，このような状況下で預金や借入金といった金融
機関側との取引に関連する勘定科目で改竄を行うと，提出先の金融機関におい
て容易に改竄状況が発覚してしまうため，金融機関ごとにそれぞれ異なる勘定
内訳書を作成して提出するケースなどがある（提出先の金融機関に対する預金，
借入金のみを正しい金額とし，他の金融機関に対する各種残高をそれぞれ改竄
する）。決算書類の作成者は，金融機関ごとに提出する決算書類を間違えない
ように神経をすり減らしていたなどという状況も粉飾決算発覚後の後日談とし
てよく聞かれる話である。また，改竄とまではいかないケースとしては，実態
のない資産を計上している場合，勘定内訳書において具体的な相手先名や内容
を示すことが難しいため，内訳書においては「その他」の項目に粉飾に関連す

る残高が寄せられることなどがあり，勘定内訳書においても粉飾決算の端緒が見えることは多い。

　そのほかに少し毛色の異なる粉飾手法としては，他の法人や個人を利用するパターンがある。例として，自社の業績が芳しくない状況下において，他のグループ会社に自社の費用を付け替えることで，自社の業績を良く見せるようなケースである。このような場合では，一見すると通常取引による資産や負債が適切に計上されているため，自社の貸借対照表のみでわかりやすい歪みは生じないこともある。ただし，このような場合でもグループ会社に対する債権債務の水準や，グループ会社自体の業績，財務状況を確認することで，粉飾決算の傾向を感じ取ることは可能である。

3　粉飾発覚のプロセス

(1)　売り手企業からの粉飾の開示

　まずパターンの1つとして，そもそもM&Aの初期的な段階で売り手企業から買い手企業に対して粉飾の開示がなされ，粉飾の存在を前提とした上で買い手企業がM&Aに取り組むケースがある。このような場合，買い手企業は粉飾による実態調整を考慮した財務数値に基づく買収価格検討を行うことは当然としつつ，その影響が将来に生じることがないかどうかについて検討することが重要である。その上で，将来への影響が排除できるという判断ができれば，M&Aを実行することも当然に考えられる。粉飾決算の存在は決してポジティブなものではないが，元来，中小企業は適切な経理処理に対するコンプライアンス意識が高くないケースも多く，そこまでの悪意がないこともある。売り手企業自ら粉飾決算の存在を開示しているような場合には，買い手企業としては必要以上に過剰反応するのではなく，純粋な事業としての評価を冷静に実施することも重要である。

(2) 財務調査等による発覚

　一方で，残念ながら，売り手企業から粉飾決算についての積極的な開示がなされず，財務調査の過程で粉飾が発覚するケースもある。このような場合には買い手企業は買収実行について相当に慎重にならざるを得ない。当該粉飾決算の影響が将来には完全に排除できるというケースもあると思われるが，他の粉飾決算や隠蔽されている事象の存在などを疑えば，M&A実行には踏み切れないことも多いであろう。仮に実行する場合であっても，極力，買収リスクを抑えた価格提示や事業引継の方法を検討することになると思われる。

4 財務調査等を通じた粉飾発見のプロセス

　M&Aにおいて行われる財務調査は限られたリソース（時間・人員・資料等）で実施されることが一般的であり，特に中小企業M&Aにおいては調査自体も限定的・簡便的に行われることが多いため，財務的にポイントとなる事項を中心に効率的に調査を行うことが重要である。

　では，粉飾を極力見逃さないために必要な調査手続とはどのようなものであろうか。これは，実際のところ第Ⅲ章で述べたような一般的な財務分析の手続と何ら変わらない。つまり，損益計算書，貸借対照表，キャッシュ・フロー計算書といった基本的な財務書類の分析や月次推移の確認，外部環境との整合性等について，ヒアリングを実施しながら，矛盾点や違和感がある部分を洗い出す作業である。その上で，貸借対照表上の重要な勘定科目を中心とした各種残高の基礎資料・管理資料・根拠証憑類との突合などもあわせて実施するのである。預金や借入金であれば銀行残高証明書との照合，売上債権であれば，売上債権管理資料との照合や事後的な入金実績の確認などである。仮にこれらの勘定科目において粉飾が行われている場合には，明細との不整合が生じていたり，明細上で取引先名が明記されていなかったりするケース，そもそも内訳明細が作成されていないケースなど，本来あるべき状況とは乖離していることが多い。

このような状況のみで粉飾を特定することは困難であるが，前述の各種分析作業やヒアリングから感じた違和感とあわせて検討することによって，徐々に粉飾の存在が浮かび上がっていくのである。それぞれの調査手続を見れば特異なものはなく，基本的な手続の積み重ねが重要である。

　また，調査の過程でもう1つ重要なことは最終的に売り手企業からの自認を引き出すことである。基礎的な手続やヒアリングを通じて相当程度粉飾の疑いがある状況は明らかになることはあるが，限られた調査期間の中で確定的な証拠をつかむことは難しいケースも非常に多い。上述の調査手続により外堀を埋めながら，最終的には売り手企業の自認を促し，売り手企業から粉飾の詳細についての資料提供・説明を受けることが現実的な対応としては望ましいと思われる。

5　粉飾発覚時の対応

(1)　金額的影響の検討

　粉飾の存在が明らかになった場合，まずは粉飾による金額的な影響額，すなわち，貸借対照表および損益計算書への影響額を把握する必要がある。例えば，在庫の過大計上が判明した場合，まず貸借対照表への影響額は計上されている在庫金額と，実態の在庫金額の乖離額である。次に，損益計算書における影響額であるが，この試算のためには過大計上が行われた時期の特定が必要である。つまり，過大計上が行われた各期における本来のあるべき在庫金額を把握し，当該適正な在庫金額に基づく売上原価と実際に計上されている売上原価との乖離が損益計算書への影響額となる。粉飾の発見は貸借対照表から行われることが多いが，その影響は損益計算書にも及ぶことが通常であるため留意が必要である。当然のことながら，これらの影響は対象企業の財政状態や収益力の見立てに大きな狂いを生じさせるものであり，買収価格にも影響する。買収価格の算定方法は，第II章1のとおりいくつかの手法があるが，いずれの手法におい

ても貸借対照表や損益計算書といった財務情報が価格算定の基礎となっている。粉飾の影響を除外した実態ベースでの貸借対照表・損益計算書を把握した上で，適正な買収価格を算定し，売り手企業との交渉に臨む必要がある。

(2)　質的影響の検討

　粉飾が発覚した場合には単純な金額的影響以外に質的影響の検討も必要である。例えば，建設業における許認可や入札資格の維持を目的に粉飾を行っている場合，実態の財務状況を前提とすれば許認可や入札資格の取消を免れないことも想定される。それはすなわち，売り手企業の事業継続自体の困難性につながり得るため，場合によっては買収を中止する選択肢も当然に生じることになる。

　また，粉飾そのものによる影響だけでなく，粉飾が行われた背景となる経営者自身のコンプライアンス意識の欠如やそれによる社内組織風土への影響を検討することも重要である。仮に経営者自身が粉飾を主導しており，当該経営者の退任が前提となっている場合でも，そのような経営者の下で事業を行っていた会社の体質や組織の雰囲気というものは残ることがある。M&Aは人員を含めた組織全般の統合という側面も有しており，買収後の事業統合作業（PMI）が難しいということは第Ⅰ章において述べたとおりである。買い手企業の理念・社風との相違など，統合後の事業運営への影響という視点も重要である。

Column ④

～上場会社の不正事例～

　本書は，非上場会社を前提とした粉飾事例を取り上げているが，上場会社の不正事例についても少し触れておきたい。粉飾（会計不正）[1]は，業績の改竄（以下，本コラムで「粉飾決算」という）と，横領等の隠蔽の2つに分けられる点は前述のとおりであるが，日本公認会計士協会が公表している「上場会社等における会計不正の動向（2023年版）」によれば，上場会社等が適時開示基準により公表した2023年3月期の会計不正は粉飾決算の割合が75%となっており，大半を占めている。そしてその粉飾決算の手口の割合は**図表Ⅳ−2**のとおりである。手口の中で特に多いのが売上の過大計上，工事進行基準，循環取引といった収益に関する不正であり，上場企業の粉飾は売上および利益に関連するものが多いと言える。一般に内部統制が整備されている上場企業においても粉飾事例が継続的に発生している状況であり，管理水準が相対的に劣ることが多い非上場企業においてはより一層留意が必要であると考えられる。上場企業は非上場企業（≒中小企業）と比較して利害関係者が多岐にわたるため，粉飾を行う目的は両者において完全に一致するものではないが，売上を含めた業績を良く見せたい誘因が存在する点は同様である。

1　本書では，会計不正を目的別に①業績の改竄と②横領等の隠蔽に区分しているが，「上場会社等における会計不正の動向（2023年版）」では会計不正を①粉飾決算と②資産の流用に分類しており，概ね同義である。

図表Ⅳ－2：粉飾決算の手口別の推移（単位：件数）

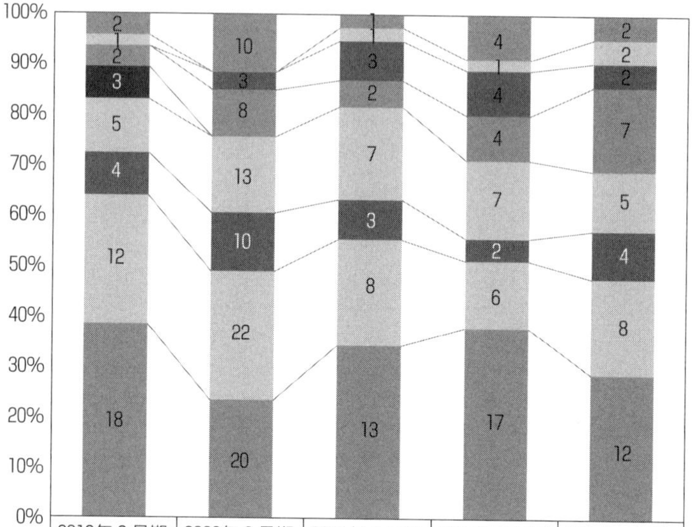

	2019年3月期	2020年3月期	2021年3月期	2022年3月期	2023年3月期
その他資産の過大計上	2	10	1	4	2
工事進行基準	1	0	1	1	2
循環取引	0	3	3	4	2
その他	2	8	2	4	7
財務諸表の不正な表示	3	0	0	0	0
経費の繰延べ	5	13	7	7	5
在庫の過大計上	4	10	3	2	4
架空仕入・原価操作	12	22	8	6	8
売上の過大計上	18	20	13	17	12

（出典）日本公認会計士協会「上場会社等における会計不正の動向（2023年版）」に基づき筆者作成

第 V 章

事例集

　本章では粉飾決算を含んだ事例を複数紹介する。これらは筆者らによる完全な創作であるため，業種の前提を含めて実在する企業とは何ら関係がないが，弊事務所が経験した財務調査を元に中小企業が作成する財務書類において一般に生じやすい粉飾決算のパターンを極力織り込んで作成したものである。

　本章の事例はそのほとんどが多方面からの財務分析，ヒアリングによる周辺情報の確認等を交え，総合的に粉飾実態を解明するパターンで作成されている。なぜならば，現実の多くの粉飾事例の発覚プロセスも同様だからである。特定の極端な数値異常だけで明らかになるケースは少なく，貸借対照表，損益計算書，キャッシュ・フロー計算書，対象企業が直面していた事業環境・内部環境など多面的な切り口から得た情報間の矛盾点や違和感などの積み重ねが粉飾の発覚につながるのである。

　なお，本書における各事例はわかりやすさを重視し，論点を極力少なくしたほか，数値前提も重要な論点となる部分以外はシンプルにしている。現実の粉飾事例では複数の論点が複合的に同時に生じているケースも当然に想定され，表面的な数値傾向からは容易に発見できないものも多い。現実の実務において本章の事例で示したプロセスによって必ずしも粉飾決算を発見できるとは限らないが，“このような粉飾パターンが存在する”ということを知っておくことは十分に意義があることだと思われる。粉飾決算に対する感度を高める一助としていただければ幸いである。

図表Ⅴ-1：事例の構成

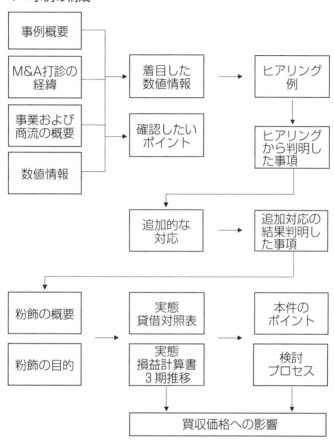

事例1：資金移動取引を利用した架空預金の計上

■事例概要

> 建設業を営む会社において多額の架空預金が計上されていた事例

■M&A打診の経緯

> 利益は計上しているものの，借入規模の大きさ等，将来への不安に加えて後継候補もいなかったことからM&Aを検討するに至った。

■事業および商流の概要

> ✓ 工場の設備関連工事を中心とする建設業
> ✓ 得意先は国内のメーカーが中心であり，大手企業が多い
> ✓ 基本的に工事支出が先行するため，それに応じた運転資金が必要となる

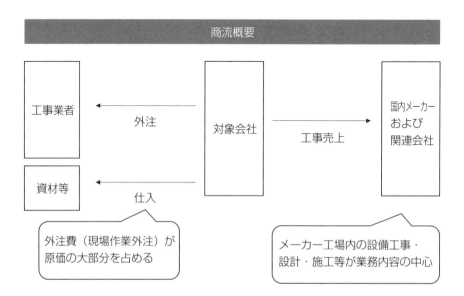

商流概要

■数値情報

【貸借対照表】

	×１期	×２期	×３期	構成比
現金預金	450	397	424	19%
工事未収入金	250	300	330	15%
未成工事支出金	300	500	600	27%
その他流動資産	150	200	250	11%
建物	100	70	40	2%
土地	300	300	300	13%
その他の固定資産	300	300	300	13%
資産合計	1,850	2,067	2,244	100%
買掛金	150	170	140	9%
未払金	100	100	100	6%
その他流動負債	100	100	100	6%
借入金	900	1,000	1,100	68%
その他固定負債	200	180	170	11%
負債合計	1,450	1,550	1,610	100%
純資産	400	517	634	
負債・純資産合計	1,850	2,067	2,244	

【回転期間】　　　　　　　　　（単位：カ月）

	×１期	×２期	×３期
売上債権※1	1.5	1.7	1.8
棚卸資産※2	2.4	3.8	4.2
仕入債務※3	1.2	1.3	1.0

※1　売上債権÷(年間売上高÷12カ月)
※2　棚卸資産÷(年間売上原価÷12カ月)
※3　仕入債務÷(売上原価÷12カ月)

×３期　資産構成比

×３期　負債構成比

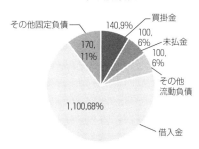

【損益計算書】

	×１期	×２期	×３期
売上高	2,000	2,100	2,200
売上原価	1,500	1,600	1,700
売上総利益	500	500	500
販売費及び一般管理費	250	250	240
営業利益	250	250	260
営業外収益	10	10	10
営業外費用	70	80	90
経常利益	190	180	180
特別利益	–	–	–
特別損失	–	–	–
税引前当期純利益	190	180	180
法人税等	67	63	63
当期純利益	124	117	117

	×１期	×２期	×３期
減価償却費	30	30	30
償却前営業利益	280	280	290
償却前経常利益	220	210	210
償却前当期純利益	154	147	147

	×１期	×２期	×３期
売上総利益率	25.0%	23.8%	22.7%
営業利益率	12.5%	11.9%	11.8%
経常利益率	9.5%	8.6%	8.2%

【キャッシュ・フロー計算書】

	×１期	×２期	×３期
営業CF	20	▲153	▲73
投資CF	▲20	–	–
財務CF	▲50	100	100
現預金増減	▲50	▲53	27
期首現預金	500	450	397
期末現預金	450	397	424

【×3期　月次貸借対照表】

	1月	2月	3月	4月	5月	6月	7月	8月	9月	10月	11月	12月
現金預金	361	368	565	456	421	427	449	439	589	475	387	424
工事未収入金	310	330	250	290	310	330	370	370	270	330	370	330
未成工事支出金	500	500	500	700	730	730	700	600	500	600	650	600
その他流動資産	200	200	200	200	200	200	200	200	220	220	250	250
建物	70	70	70	70	70	70	70	70	70	70	70	40
土地	300	300	300	300	300	300	300	300	300	300	300	300
その他固定資産	300	300	250	250	250	250	250	250	250	250	250	300
資産合計	2,041	2,068	2,135	2,266	2,281	2,307	2,339	2,229	2,199	2,245	2,277	2,244
買掛金	130	140	100	120	130	140	150	150	110	140	150	140
未払金	100	100	100	100	100	100	100	100	100	100	100	100
その他流動負債	100	100	100	100	100	100	100	100	100	100	100	100
借入金	1,000	1,000	1,100	1,200	1,200	1,200	1,200	1,100	1,100	1,100	1,100	1,100
その他固定負債	180	180	180	180	170	170	170	170	170	170	170	170
負債合計	1,510	1,520	1,580	1,700	1,700	1,710	1,720	1,620	1,580	1,610	1,620	1,610
純資産	531	548	555	566	581	597	619	609	619	635	657	634
負債・純資産合計	2,041	2,068	2,135	2,266	2,281	2,307	2,339	2,229	2,199	2,245	2,277	2,244

【×3期　月次損益計算書】

	1月	2月	3月	4月	5月	6月	7月	8月	9月	10月	11月	12月
売上高	176	187	143	165	176	187	209	209	154	187	209	198
売上原価	136	145	111	128	136	145	162	162	119	145	162	153
売上総利益	40	43	33	38	40	43	48	48	35	43	48	45
販売費及び一般管理費	19	19	19	19	19	19	19	19	19	19	19	30
営業利益	21	23	13	18	21	23	28	28	16	23	28	15
営業外収益	1	1	1	1	1	1	1	1	1	1	1	1
営業外費用	8	8	8	8	8	8	8	8	8	8	8	8
経常利益	14	17	7	12	14	17	22	22	9	17	22	8
特別利益	-	-	-	-	-	-	-	-	-	-	-	-
特別損失	-	-	-	-	-	-	-	-	-	-	-	-
税引前当期純利益	14	17	7	12	14	17	22	22	9	17	22	8
法人税等	-	-	-	-	-	-	-	32	-	-	-	32
当期純利益	14	17	7	12	14	17	22	▲10	9	17	22	▲23

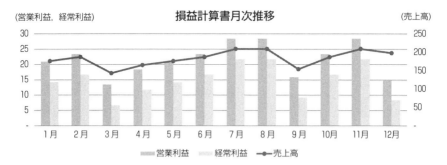

（営業利益，経常利益）　　　　損益計算書月次推移　　　　　　（売上高）

営業利益　　経常利益　　売上高

■着目した数値情報（粉飾決算に関連する部分のみを記載）

- ✓ 資産では未成工事支出金，現金預金の金額ウェイトが大きい
- ✓ 負債では借入金の金額ウェイトが大きい
- ✓ 手許資金が多い一方で，期中の未成工事支出金増加時において借入金増加がみられる

■確認したいポイント（粉飾決算に関連する部分のみを記載）

- ✓ 未成工事支出金の増加要因
- ✓ 必要な手許資金の水準
- ✓ 期中借入増加の理由

■ヒアリング例

×××××

×××××

×3期の期中は未成工事支出金が増加した時期があったようですね。

例年のことですが，秋口の納期に向けて，工事支出が先行するタイミングで在庫（未成工事支出金）が増えています。

そのようですね。この時期に借入金が増加していることもこれが要因でしょうか？

そうですね。やはり運転資金が不足してくるタイミングですので一時的に借入を行っています。

なるほど。手許預金はそれなりにありそうにも見えましたが，借入が必要なのでしょうか？

工事の進捗によっては支出が増えることもありますし，下請け外注への支払はしなければなりませんしね。

実際に想定外の支出は何かありましたでしょうか？

この時は特にはなかったと思いますね。比較的順調に進んでいた記憶があります。

そうすると，結果的には借入はそこまで必要なかった印象でしょうか？

どうですかね。結果的には大丈夫だったかもしれないですが，やはりある程度安全を見て，資金残高は厚めに持つようにはしています。

過去には何か資金不足に陥るようなことがあったのでしょうか？

なかったと思いますが，経理部長からはできるだけ資金確保しておいたほうがいいとは言われていますので，余裕をもって借入をしている傾向はあるかもしれません。

資金管理は基本的に経理部長がご担当されているのですか？

そうですね。社歴も長く，資金関係はすべて経理部長にまかせています。

非常に真面目な社員で，いつも保守的に資金面を考えてくれているので，私も安心です。

資金繰り実績などは作成されていますか？

経理部長がいつも作成してくれています。いつも遅くまで残って作業しています。もう少し他の経理職員に作業を分担させようとはしているのですが……。

経理職員は何名ぐらいいらっしゃるのでしょうか？

全部で 3 名ですね。ただ，おそらく重要な部分はほとんど経理部長がやっていると思いますよ。なんでも聞いていただければほとんど答えられると思います。

わかりました。取引先の回収サイトや支払サイトの概要について教えていただけますか？

おそらく，販売先は 1 カ月から 2 カ月程度，仕入先については 1 カ月程度が多かったとは思います。

細かいことは，経理部長のほうが詳しいので聞いていただければと思います。

×××××

×××××

■ヒアリングから判明した事項

✓ 手許資金の必要性について十分な回答が得られていない。月商の2カ月分相当程度の残高は有している一方で，借入金増加の必要性に関して明確な回答が得られていない
✓ 経理職員は複数いるものの，資金管理は1人の経理部長が長年行っており，頻繁に残業している状況である

■追加的な対応

✓ 期末，月次資金残高の確認（帳簿残高と銀行残高の照合）
✓ 月中を含めた資金繰り実績資料の確認
✓ 取引先別の回収サイト，支払サイトの確認
✓ 担当経理部長の業務内容
など

■追加対応の結果判明した事項

✓ 期末残高については帳簿残高と銀行残高が一致しているが，月中残高については帳簿残高と銀行残高に大きな差異があった。
✓ 月中の資金繰り実績においては，ボトム時でも数億円の帳簿預金残高が残っており，余裕がある状況であった。
✓ 取引先別の回収サイト，支払サイトは回転期間に照らして不整合な状況はなかった。
✓ 担当経理部長は，資金決済，小切手振り出し，預金残高照合を含めたチェック作業も含めてすべて1人で行っており，他の経理職員は記帳業務や事務書類発行業務等しか行っていなかった。

■粉飾の概要

- ✓ 期末日に小切手を利用した資金移動を行い，銀行における認識の時間差を利用して架空預金を計上していた。
- ✓ 10年以上前から，経理部長が１人で資金管理業務をすべて担当しており，他の経理職員には関与させない状況が継続していた。
- ✓ 社長以下，経営陣も長年担当していた経理部長を信頼しており，資金残高の確認等を全く行っていなかった。
- ✓ これまで期末日時点では銀行残高証明書と帳簿残高も一致していた。
- ✓ 月次における資金残高について通帳残高と照合したところ，多額の差異が生じており，経理部長による横領が発覚した。

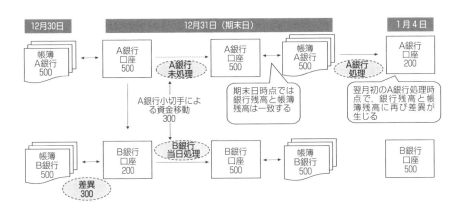

■粉飾の目的

- ✓ 経理部長が，私的交際費のために預金引き出しを継続的に行っており（帳簿未記帳），当該引き出しによる預金減少を隠蔽するために架空預金を計上していた。
- ✓ 発覚を回避するために，決算期末日のみ過去から横領していた資金相当と同額（つまり帳簿未記帳分）の小切手振り出しを使った資金移動を行っていた。

■実態貸借対照表

その後，詳細な調査手続を経た結果，直近期である×3期において財務調整を考慮すると，簿価ベースでは634である純資産の調整後残高は334となった。

【×3期　貸借対照表】

	簿価	調整	調整後		簿価	調整	調整後
現金預金	424	▲300	124	買掛金	140		140
工事未収入金	330		330	未払金	100		100
未成工事支出金	600		600	その他流動負債	100		100
その他流動資産	250		250	借入金	1,100		1,100
建物	40		40	その他固定負債	170		170
土地	300		300	負債合計	1,610	－	1,610
その他固定資産	300		300	純資産	634	▲300	334
資産合計	2,244	▲300	1,944	負債・純資産合計	2,244	▲300	1,944

■実態損益計算書3期推移

その後，詳細な調査手続を経た結果，営業利益ベースで調整項目はなく，経理部長の横領による特別損失計上が考慮された。なお，税金への影響は未考慮としている。

【損益計算書】

	簿価			調整額			調整後		
	×1期	×2期	×3期	×1期	×2期	×3期	×1期	×2期	×3期
売上高	2,000	2,100	2,200	－	－	－	2,000	2,100	2,200
売上原価	1,500	1,600	1,700	－	－	－	1,500	1,600	1,700
売上総利益	500	500	500	－	－	－	500	500	500
販売費及び一般管理費	250	250	240				250	250	240
営業利益	250	250	260				250	250	260
営業外収益	10	10	10				10	10	10
営業外費用	70	80	90				70	80	90
経常利益	190	180	180				190	180	180
特別利益	－	－	－				－	－	－
特別損失	－	－	－	▲10	▲10	▲10	▲10	▲10	▲10
税引前当期純利益	190	180	180	10	10	10	200	190	190
法人税等	67	63	63	－	－	－	67	63	63
当期純利益	124	117	117	10	10	10	134	127	127
減価償却費	30	30	30	－	－	－	30	30	30
償却前営業利益	280	280	290	－	－	－	280	280	290
償却前経常利益	220	210	210	－	－	－	220	210	210
償却前当期純利益	154	147	147	10	10	10	164	157	157
売上総利益率	25.0%	23.8%	22.7%				25.0%	23.8%	22.7%
営業利益率	12.5%	11.9%	11.8%				12.5%	11.9%	11.8%
経常利益率	9.5%	8.6%	8.2%				9.5%	8.6%	8.2%

■本件のポイント

　手許資金が相応に確保されているにもかかわらず，期中に不自然な借入金増加が生じていることが最初のポイントである。ヒアリングにおいて運転資金需要対応との説明はあったが，詳細な説明はなく，資金管理業務や資金繰り検討もすべて経理部長の単独判断で行われている状況であった。そもそも当該経理部長は他の経理職員がいるにもかかわらず，1人で業務を抱え込む傾向があり，他の社員が帰宅した後の残業も頻繁に行っていた。また，月中の資金繰り実績資料を見ても，常時多額の預金が残っている状況であり，借入による資金調達には不自然さがあった。

　最終的な発覚経緯は，月次試算表上の帳簿預金残高と銀行通帳残高の照合という極めてシンプルな手続によるものである。期末決算時以外の月次における隠蔽行為がずさんであったことも発覚ポイントの1つであった。

　また，当該架空預金の計上手法は，いわば古典的な手口の1つであるが，人的リソースに劣る中小企業では担当者の変更や複数メンバーによる業務分掌がないケースも多く，このような粉飾も起こり得るという一例である。

■検討プロセス

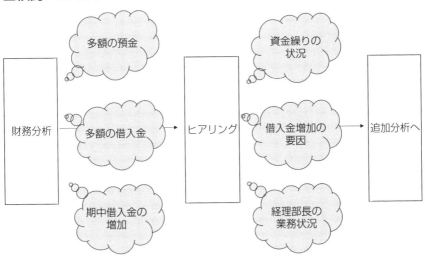

■買収価格への影響

　買収価格の算定方法には様々な方法があるが，仮に時価純資産に3年分の営業利益を加算する方法を前提とした場合における影響は以下のとおりとなる。

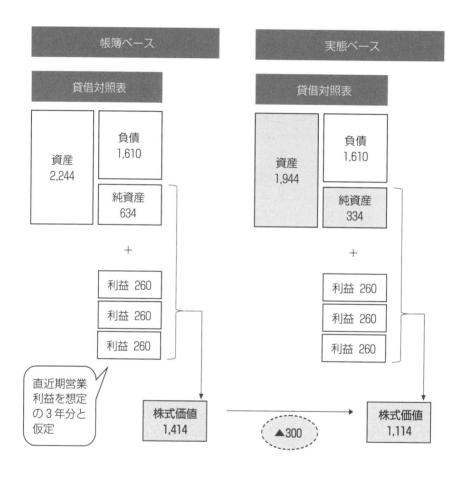

事例2：個人資金を利用した人件費の過少計上

■事例概要

飲食業を営む会社において人件費が過少計上されていた事例

■M&A打診の経緯

業績低迷を受け，将来への不安からM&Aを検討するに至った。

■事業および商流の概要

✓ 3店舗を運営する居酒屋
✓ 駅前立地が中心で，地元産地の食材活用がウリ
✓ 比較的低価格帯の飲食店でカジュアル利用がメイン

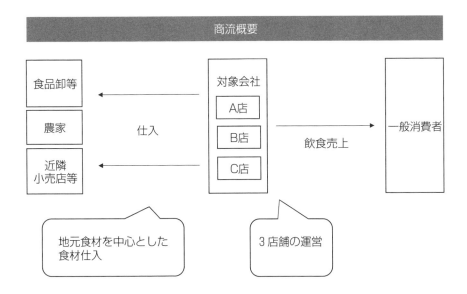

■数値情報

【貸借対照表】

	×1期	×2期	×3期	構成比
現金預金	10	17	14	4%
売掛金	30	30	29	8%
棚卸資産	10	10	10	3%
その他流動資産	50	50	70	20%
建物附属設備	80	55	35	10%
土地	90	90	90	26%
その他固定資産	100	100	100	29%
資産合計	370	352	348	100%
買掛金	30	29	29	12%
未払金	50	50	60	24%
その他流動負債	30	30	30	12%
借入金	150	135	110	44%
その他固定負債	20	20	20	8%
負債合計	280	264	249	100%
純資産	90	88	99	
負債・純資産合計	370	352	348	

【回転期間】　　　　　　　　（単位：カ月）

	×1期	×2期	×3期
売上債権※1	0.4	0.4	0.4
棚卸資産※2	0.3	0.3	0.3
仕入債務※3	1.0	1.0	0.9

※1　売上債権÷（年間売上高÷12カ月）
※2　棚卸資産÷（年間売上原価÷12カ月）
※3　仕入債務÷（売上原価÷12カ月）

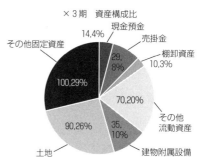

×3期　資産構成比

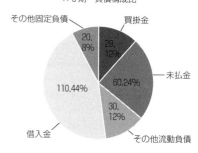

×3期　負債構成比

【損益計算書】

	×1期	×2期	×3期
売上高	1,000	950	950
売上原価	350	350	370
売上総利益	650	600	580
販売費及び一般管理費	640	600	560
営業利益	10	－	20
営業外収益	－	－	－
営業外費用	3	3	2
経常利益	7	▲3	18
特別利益	－	－	－
特別損失	－	－	－
税引前当期純利益	7	▲3	18
法人税等	2	－	6
当期純利益	5	▲3	12

減価償却費	30	25	20
償却前営業利益	40	25	40
償却前経常利益	37	23	38
償却前当期純利益	35	23	32

売上総利益率	65.0%	63.2%	61.1%
営業利益率	1.0%	0.0%	2.1%
経常利益率	0.7%	-0.3%	1.9%

【キャッシュ・フロー計算書】

	×1期	×2期	×3期
営業CF	20	22	23
投資CF	▲20	－	－
財務CF	▲50	▲15	▲25
現預金増減	▲50	7	▲2
期首現預金	60	10	17
期末現預金	10	17	14

【×３期　月次貸借対照表】

	1月	2月	3月	4月	5月	6月	7月	8月	9月	10月	11月	12月
現金預金	10	7	1	10	7	18	28	32	29	26	18	14
売掛金	24	24	27	31	27	29	33	33	24	24	27	29
棚卸資産	10	10	10	10	10	10	10	10	10	10	10	10
その他流動資産	50	50	50	50	50	50	50	50	50	50	50	70
建物附属設備	55	55	55	55	55	55	55	55	55	55	55	35
土地	90	90	90	90	90	90	90	90	90	90	90	90
その他固定資産	100	100	100	100	100	100	100	100	100	100	100	100
資産合計	339	336	333	346	339	352	366	370	358	355	350	348
買掛金	20	20	20	30	20	20	30	30	20	20	20	29
未払金	50	50	50	50	50	50	50	50	50	50	50	60
その他流動負債	30	30	30	30	30	30	30	30	30	30	30	30
借入金	134	132	131	122	121	119	118	116	115	113	112	110
その他固定負債	20	20	20	20	20	20	20	20	20	20	20	20
負債合計	254	252	251	252	241	239	248	246	235	233	232	249
純資産	86	84	83	94	99	113	119	124	123	122	119	99
負債・純資産合計	339	336	333	346	339	352	366	370	358	355	350	348

【×３期　月次損益計算書】

	1月	2月	3月	4月	5月	6月	7月	8月	9月	10月	11月	12月
売上高	67	67	76	86	76	81	90	90	67	67	76	109
売上原価	26	26	30	33	30	31	35	35	26	26	30	43
売上総利益	41	41	46	52	46	49	55	55	41	41	46	67
販売費及び一般管理費	42	42	48	41	41	35	49	50	41	42	49	80
営業利益	▲1	▲1	▲2	11	5	14	6	5	▲0	▲1	▲3	▲13
営業外収益	-	-	-	-	-	-	-	-	-	-	-	-
営業外費用	0	0	0	0	0	0	0	0	0	0	0	0
経常利益	▲2	▲2	▲2	11	5	14	6	5	▲1	▲2	▲3	▲13
特別利益	-	-	-	-	-	-	-	-	-	-	-	-
特別損失	-	-	-	-	-	-	-	-	-	-	-	-
税引前当期純利益	▲2	▲2	▲2	11	5	14	6	5	▲1	▲2	▲3	▲13
法人税等	-	-	-	-	-	-	-	-	-	-	-	6
当期純利益	▲2	▲2	▲2	11	5	14	6	5	▲1	▲2	▲3	▲20

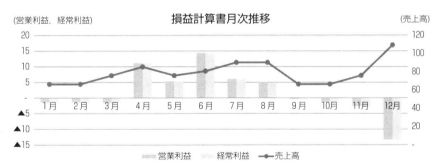

損益計算書月次推移

（営業利益，経常利益）　　（売上高）

凡例：営業利益　経常利益　売上高

■着目した数値情報（粉飾決算に関連する部分のみを記載）

✓ 売上総利益率が低下しており，×2期は経常赤字となっているが，×3期は黒字化している

✓ ×3期の月次損益計算書において，売上高が大きい月の販管費が小さい

✓ ×3期の月次貸借対照表で現金預金残高が僅少になっている

✓ 負債の中で借入金の金額ウェイトが大きい

■確認したいポイント（粉飾決算に関連する部分のみを記載）

✓ ×3期の黒字化の要因

✓ ×3期の販管費の減少要因

✓ 資金繰りの状況

■ヒアリング例

> ×××××

> ×××××

> ×2期は赤字になっていたようですが，×3期には大きく利益改善していますね。何が要因だったのでしょうか？

> 最近客数の減少もあって売上高は低下しており，厳しい状況が続いていました。

> なんとかコスト削減等をしながらやりくりして利益を計上している状況です。

売上総利益率も低下している中で，これだけ利益改善しているのはすごいですね。具体的にどのようなコスト削減を行ったのでしょうか？

経費で一番大きいのはやはり人件費ですのでこれが中心ですね。

人件費はパートアルバイトの割合が多いのでしょうか？

そうですね，パートアルバイトが多いので，やりくり次第で変動する部分は多いですね。

具体的にどのような削減活動をしたのでしょうか？

これは店長の腕によるところが大きいのですが，シフトの組み方を工夫したり，無駄な残業をさせなかったり，いろいろですね。

ちなみに，×3期の夏場あたりは，結構売上高も好調なように見えますが，人件費はずいぶん抑えているようですね。何か特別な要因があるのでしょうか？

できるだけ社員が頑張ったのだと思います。

×3期の前半は資金残高もずいぶん厳しい傾向が出ていたようですが，夏場に回復していますね。

やはり売上の回復がとても大きいと思います。現金商売ですし，売上次第で資金水準もずいぶん変わります。

この時期に資金繰りが厳しくなっていた要因は何でしょうか？

ちょうど４月に少しまとまった借入の返済期限がありまして，それで厳しくなっていた記憶があります。

３月はほとんど残高がないですし，何かしら資金調達は考えなかったのでしょうか？

本当に厳しくなった時は，私の個人資金を投入したりします。過去にもそうやって乗り切ったことがありました。

今回はどうだったのでしょうか？　個人資金投入が必要になりましたか？

はっきり覚えていませんが少し出したかもしれませんね。

わかりました。ちなみに，個人資金を投入する場合はどのような使い方をすることが多いのでしょうか？

大概は給料の支払ですね。うちは現金で給料を欲しがる従業員も多くて，資金が厳しい時は私が立て替えて払ったりしたことがあります。

××××××

××××××

■ヒアリングから判明した事項

✓販管費の主な内容は人件費である

✓×３期における期中の販管費の変動要因は主に人件費である

✓過去に資金不足の際には社長が個人資金を会社に拠出したことがある

■追加的な対応

✓売上高人件費率の分析

✓給与台帳の閲覧

✓給与支払に関連する証憑確認

など

■追加対応の結果判明した事項

✓×３期の期中において売上高人件費率が極端に低くなっている月が散見された。

✓給与支払額と帳簿上の人件費計上額は整合していた。

✓給与台帳と帳簿上の人件費計上額に乖離が見られる月があった。

■粉飾の概要

✓ パートアルバイト人件費が増加する月に資金不足に陥った結果，社長が個人資金で一部給与支払を行い，当該取引を記帳していなかったことから，人件費が過少となっていた。

✓ 人件費が変動費となる事業において，売上高人件費率が極端に下がっていたことから，当該対象月の給与台帳と帳簿記録を照合した結果，給与台帳より小さい金額で記帳がなされていることが判明した。

✓ なお，給与台帳金額と帳簿記録との差額分については社長が個人資金により現金で従業員に支払っていた。

【売上高人件費率】

	1月	2月	3月	4月	5月	6月	7月	8月	9月	10月	11月	12月
売上高	67	67	76	86	76	81	90	90	67	67	76	109
人件費	19	20	23	17	15	11	25	27	19	21	23	33
売上高人件費率	29.0%	30.0%	30.0%	19.5%	19.5%	13.9%	28.0%	29.5%	28.0%	31.0%	30.0%	30.0%

【実態人件費】

	1月	2月	3月	4月	5月	6月	7月	8月	9月	10月	11月	12月
人件費	19	20	23	17	15	11	25	27	19	21	23	33
社長個人資金立替	-	-	-	9	8	13	-	-	-	-	-	-
実態人件費	19	20	23	26	23	24	25	27	19	21	23	33

立替合計	30

■粉飾の目的

✓ 資金繰りに窮し，社長個人資金による経費立替が必要となったことが発端である。

✓ また，業績低迷下において，赤字決算の提示が金融機関取引にマイナス影響を与えることを危惧し，上記立替支払を簿外処理とすることで会社経費を過少に見せることも目的としていた。

■実態貸借対照表

その後，詳細な調査手続を経た結果，直近期である×3期において財務調整を考慮すると，簿価ベースでは99である純資産の調整後残高は69となった。

【×3期　貸借対照表】

	簿価	調整	調整後		簿価	調整	調整後
現金預金	14		14	買掛金	29		29
売掛金	29		29	未払金	60		60
棚卸資産	10		10	その他流動負債	30		30
その他流動資産	70		70	借入金	110	30	140
建物附属設備	35		35	その他固定負債	20		20
土地	90		90	負債合計	249	30	279
その他固定資産	100		100	純資産	99	▲30	69
資産合計	348	-	348	負債・純資産合計	348	-	348

■実態損益計算書3期推移

その後，詳細な調査手続を経た結果，直近3期間における営業利益は簿価ベースで0から20であったところ，調整後では▲10から10となった。なお，税金への影響は未考慮としている。

【損益計算書】

	簿価			調整額			調整後		
	×1期	×2期	×3期	×1期	×2期	×3期	×1期	×2期	×3期
売上高	1,000	950	950	-	-	-	1,000	950	950
売上原価	350	350	370	-	-	-	350	350	370
売上総利益	650	600	580	-	-	-	650	600	580
販売費及び一般管理費	640	600	560	-	-	30	640	600	590
営業利益	10	-	20	-	-	▲30	10	-	▲10
営業外収益	-	-	-	-	-	-	-	-	-
営業外費用	3	3	2	-	-	-	3	3	2
経常利益	7	▲3	18	-	-	▲30	7	▲3	▲12
特別利益	-	-	-	-	-	-	-	-	-
特別損失	-	-	-	-	-	-	-	-	-
税引当期純利益	7	▲3	18	-	-	▲30	7	▲3	▲12
法人税等	2	-	6	-	-	-	2	-	6
当期純利益	5	▲3	12	-	-	▲30	5	▲3	▲18
減価償却費	30	25	20	-	-	-	30	25	20
償却前営業利益	40	25	40	-	-	▲30	40	25	10
償却前経常利益	37	23	38	-	-	▲30	37	23	8
償却前当期純利益	35	23	32	-	-	▲30	35	23	2
売上総利益率	65.0%	63.2%	61.1%				65.0%	63.2%	61.1%
営業利益率	1.0%	0.0%	2.1%				1.0%	0.0%	-1.1%
経常利益率	0.7%	-0.3%	1.9%				0.7%	-0.3%	-1.3%

■本件のポイント

　売上高，売上総利益率の低下に伴い業績悪化傾向が生じていたところ，直近期で販管費の減少により黒字化していることが１つのポイントである。ヒアリングによれば，販管費の主要費目は人件費であり，パートアルバイト従業員が多いことから人件費に変動要素があるが，売上高が大きい月に極端に人件費率が下がっている点が不自然な状況となっていた。ちょうど人件費率が下がる直前において資金残高がほとんどなく，資金繰りが厳しい状況下での不自然な数値変動がみられる点も特徴的である。また，元々従業員に対する給与支払が一部現金になっていることも，当該不適切経理を行いやすい要因の１つであったと考えられる。

　中小企業においては，社長の個人資金と会社資金が混同されることは多く，当該取引が不適切経理につながった事例である。

■検討プロセス

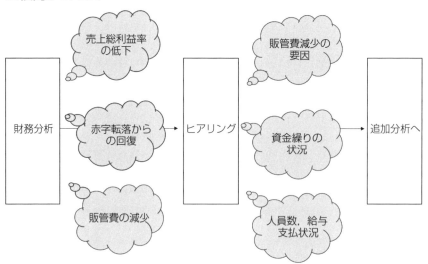

■買収価格への影響

買収価格の算定方法には様々な方法があるが，仮に時価純資産に３年分の営業利益を加算する方法を前提とした場合における影響は以下のとおりとなる。なお，本事例において実質的には社長からの簿外借入金が存在するが，免除を受ける前提として，買収価格への影響には考慮していない。

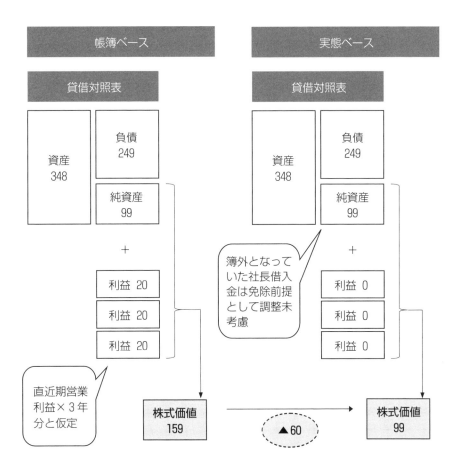

事例3：固定資産売却等を利用した売上高の過大計上

■事例概要

運送業を営む会社において車両売却益（特別利益）を売上高として計上していた事例

■M&A打診の経緯

現経営者が高齢であり，後継者不在のためM&Aを検討するに至った。

■事業および商流の概要

✓ 特殊車両（クレーン）を持つ運送業
✓ 運搬物は住宅建材が中心
✓ 複数の事業拠点を持っている

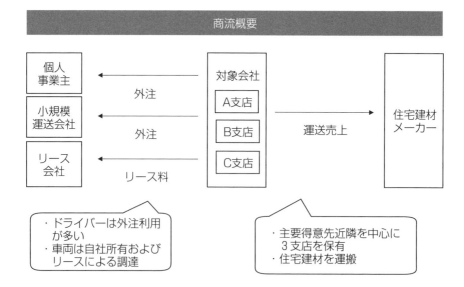

商流概要

■数値情報

【貸借対照表】

	×1期	×2期	×3期	構成比
現金預金	65	108	150	16%
売掛金	110	100	90	10%
その他流動資産	100	10	10	1%
建物	80	75	70	7%
車両運搬具	150	100	20	2%
土地	300	300	300	32%
その他固定資産	300	300	300	32%
資産合計	1,105	993	940	100%
買掛金	75	70	70	9%
未払金	50	50	60	8%
その他流動負債	30	30	30	4%
借入金	800	700	600	77%
その他固定負債	50	20	20	2%
負債合計	1,005	870	780	100%
純資産	100	123	160	
負債・純資産合計	1,105	993	940	

【回転期間】　　　　　　　　　　（単位：カ月）

	×1期	×2期	×3期
売上債権※1	1.9	1.7	1.5
仕入債務※2	1.5	1.4	1.5

※1　売上債権÷（年間売上高÷12カ月）
※2　仕入債務÷（売上原価÷12カ月）

×3期　資産構成比

【損益計算書】

	×1期	×2期	×3期
売上高	700	710	710
売上原価	600	580	560
売上総利益	100	130	150
販売費及び一般管理費	80	90	90
営業利益	20	40	60
営業外収益	-	-	-
営業外費用	10	8	7
経常利益	10	32	53
特別利益	-	4	3
特別損失	-	-	-
税引前当期純利益	10	36	56
法人税等	4	13	20
当期純利益	7	23	36

減価償却費	60	50	30
償却前営業利益	80	90	90
償却前経常利益	70	82	83
償却前当期純利益	67	73	66

売上総利益率	14.3%	18.3%	21.1%
営業利益率	2.9%	5.6%	8.5%
経常利益率	1.4%	4.5%	7.5%

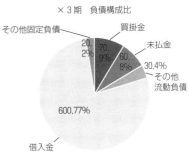

×3期　負債構成比

【キャッシュ・フロー計算書】

	×1期	×2期	×3期
営業CF	100	134	83
投資CF	▲20	9	58
財務CF	▲100	▲100	▲100
現預金増減	▲20	43	41
期首現預金	85	65	108
期末現預金	65	108	150

【×3期　月次貸借対照表】

	1月	2月	3月	4月	5月	6月	7月	8月	9月	10月	11月	12月
現金預金	96	92	94	88	86	81	85	80	129	136	148	150
売掛金	100	113	109	107	107	100	93	100	87	110	108	90
その他流動資産	10	10	10	10	10	10	10	10	10	10	10	10
建物	75	75	75	75	75	75	75	75	75	75	75	70
車両運搬具	100	100	100	100	100	100	100	100	100	90	80	20
土地	300	300	300	300	300	300	300	300	300	300	300	300
その他固定資産	300	300	300	300	300	300	300	300	300	300	300	300
資産合計	981	990	988	980	978	966	963	965	1,001	1,021	1,021	940
買掛金	60	70	70	70	70	60	60	60	50	70	70	70
未払金	50	50	50	50	50	50	50	50	50	50	50	60
その他流動負債	30	30	30	30	30	30	30	40	90	80	70	30
借入金	699	697	696	687	686	684	683	681	680	678	677	600
その他固定負債	20	20	20	20	20	20	20	20	20	20	20	20
負債合計	859	867	866	857	856	844	843	851	890	898	887	780
純資産	123	123	123	123	123	122	121	114	112	123	135	160
負債・純資産合計	981	990	988	980	978	966	963	965	1,001	1,021	1,021	940

【×3期　月次損益計算書】

	1月	2月	3月	4月	5月	6月	7月	8月	9月	10月	11月	12月
売上高	53	60	58	57	57	53	50	53	46	71	71	80
売上原価	46	52	50	49	49	46	43	46	40	53	53	35
売上総利益	7	8	8	8	8	7	7	7	6	18	18	46
販売費及び一般管理費	8	8	8	8	8	8	8	8	8	8	8	8
営業利益	▲0	1	1	0	0	▲0	▲1	▲0	▲1	11	11	38
営業外収益	-	-	-	-	-	-	-	-	-	-	-	-
営業外費用	1	1	1	1	1	1	1	1	1	1	1	1
経常利益	▲1	0	▲0	▲0	▲0	▲1	▲1	▲1	▲2	10	10	37
特別利益	-	-	-	-	-	-	-	-	-	1	1	1
特別損失	-	-	-	-	-	-	-	-	-	-	-	-
税引前当期純利益	▲1	0	▲0	▲0	▲0	▲1	▲1	▲1	▲2	11	11	38
法人税等	-	-	-	-	-	-	-	6	-	-	-	13
当期純利益	▲1	0	▲0	▲0	▲0	▲1	▲1	▲7	▲2	11	11	25

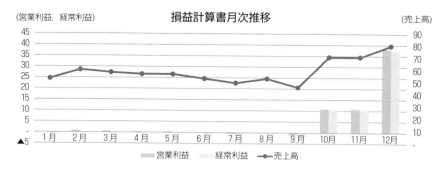

■着目した数値情報（粉飾決算に関連する部分のみを記載）

✓ 近年売上総利益率が急激に上昇している

✓ ×3期の月次損益計算書において，期末付近の売上高が極端に大きい

✓ ×3期の月次損益計算書において，期末付近以外は単月赤字が継続している

✓ 近年の売掛金回転期間が短くなっている傾向にある

✓ 車両運搬具が急減している

✓ ×3期の期中において，その他流動負債の大きな変動がある

■確認したいポイント（粉飾決算に関連する部分のみを記載）

✓ 売上総利益率の改善要因

✓ ×3期の期末付近の売上高増加の要因，相手先

✓ 売掛金の回収サイト

✓ 車両運搬具の減少要因

■ヒアリング例

> ×××××

> ×××××

> ×2期以降でかなり売上総利益率が改善していますが，何が要因だったのでしょうか？

> これといって特別なものはないですが，外注利用の割合が減ったこと等があるかもしれません。

そうなんですね。ちなみに，自社車両については，ずいぶん大きく減少しているようにも見えたのですがいかがですか？

車両はかなりの数を売却しました。×2期とか×3期は特別利益で車両売却益が出ていると思います。うちの特殊車両は今市場で品薄なので，中古でもかなりいい値段で売れるんですよ。

車両売却をした理由に何か特別なものはありますでしょうか？

まあ，高値で売れるということと，借入の弁済がそれなりに大変ではあるので，そのあたりの資金確保も見据えてという感じですね。

なるほど。そうすると，自社車両はずいぶんと減ったと思うのですが，先ほどの売上総利益率改善の中で外注利用が減ったこととの関係はどう理解すればよいでしょうか？

自社車両はかなり減っているんですけど，残った自社車両をなるべく活用して，割合として外注依存は減らしてはいるんですよね。

ちなみに，×3期は期末付近で大幅に売上が増加していますが，これはどのような要因でしょうか？

年末はやっぱり期末に向けて追い込みをかけますからね。それなりに売上は増えると思いますよ。

それにしてもずいぶんと急激な増加ですし，何か心当たりはありませんか？　増加した得意先などはいかがでしょうか？

ちょっとすぐに思い出せないんですが，得意先別の売上明細はあるので，後で確認してみます。

話が変わるのですが，御社の得意先の回収サイトはどれぐらいでしょうか？

だいたい2カ月以内ぐらいだったかなと思います。

×3期末は少し売掛金残高の水準が下がっているようにも見えましたが，何か心当たりはありますでしょうか？

特にないですね。期末のタイミングでの得意先売上の内容によって，残高は多少変わるのかなと思います。全部の取引先が2カ月というわけでもないですし。

ありがとうございます。わかりました。とりあえず即座に思いつく要因はないということですね。

また，少し話が変わるのですが，貸借対照表のその他流動負債というのはどのような内容なのでしょうか？

経費の未払とか細かい内容ではないかなと思います。

×3期の月次貸借対照表を拝見すると，期中で急に増加したり減少したりといった動きがあるようなのですが，何か要因がありますでしょうか？

すみません，ちょっとわからないですね。そのあたりは経理に任せている部分なので……。

×××××

×××××

■ヒアリングから判明した事項

✓×3期の期末付近の売上高の増加について具体的な得意先名等，明確な説明はなかった。

✓売上総利益率の改善要因について明確な説明がなかった。

✓その他流動負債の期中変動について明確な説明がなかった。

✓車両の減少は売却によるものであり，特別利益は車両売却益である。

✓借入金の弁済原資確保が厳しい状況である。

■追加的な対応

✓×3期における得意先別売上高明細の確認

✓その他流動負債の期中変動内容の確認

✓車両売却に関連する証憑確認

など

■追加対応の結果判明した事項

✓×3期の得意先別売上高明細の合計と帳簿売上高合計に差異が生じていることが判明した（得意先別売上高明細＜帳簿売上高合計）。

✓その他流動負債の期中変動は，車両売却代金の入金をその他流動負債で計上していたことによるものであった。また，当該残高は最終的に期末までの期間において売上高に振替計上されていることが判明した。

✓車両売却に関連する証憑を確認したところ，特別利益に計上されている車両売却益が，実際の売却益（車両運搬具の帳簿価額と売却代金との差額）と相違していることが判明した（実際の売却益＞帳簿計上されている売却益）。

✓上記の車両売却益の実態相違部分は，売上高として計上されていた。

■粉飾の概要

> ✓ 車両の売却益相当の一部を売上高として計上することにより，営業利益を過大にする粉飾が行われていた。
>
> ✓ 車両売却時においては，一時的に入金額をその他流動負債で計上し，期末付近で当該その他流動負債の取り崩しにより仮装売上高を計上していた。
>
> ✓ なお，期末付近で行われている理由としては，当期の業績見込みがおよそ判明するタイミングで粉飾要否を判断したという経緯によるものであった。

【売上高内訳】

	1月	2月	3月	4月	5月	6月	7月	8月	9月	10月	11月	12月
売上高	53	60	58	57	57	53	50	53	46	61	61	40
車両売却益	-	-	-	-	-	-	-	-	-	10	10	40
売上高合計	53	60	58	57	57	53	50	53	46	71	71	80

車両売却益相当	60

【その他流動負債】

	1月	2月	3月	4月	5月	6月	7月	8月	9月	10月	11月	12月
通常残高	30	30	30	30	30	30	30	30	30	30	30	30
車両代金入金仮受残高	-	-	-	-	-	-	-	10	60	50	40	-
その他流動負債	30	30	30	30	30	30	30	40	90	80	70	30

■粉飾の目的

> ✓ 車両売却による利益を本業である売上高に伴う営業利益とすることによって，融資条件を有利にすることが目的であった。
>
> ✓ また，近年業績に比して借入弁済の額が大きく，資金捻出に苦慮していたことが背景事情としてあった。
>
> ✓ なお，会社が保有する車両が，特殊車両であり，高値売却が可能な相場事情であったことも当該車両売却が行われた要因である。

■実態貸借対照表

　本事例では，段階損益区分の不適切経理はあるものの貸借対照表に影響を与えていなかったため，純資産残高の調整はない。

【×3期　貸借対照表】

	簿価	調整	調整後		簿価	調整	調整後
現金預金	150		150	買掛金	70		70
売掛金	90		90	未払金	60		60
その他流動資産	10		10	その他流動負債	30		30
建物	70		70	借入金	600		600
車両運搬具	20		20	その他固定負債	20		20
土地	300		300	負債合計	780	−	780
その他固定資産	300		300	純資産	160		160
資産合計	940	−	940	負債・純資産合計	940	−	940

■実態損益計算書3期推移

　その後，詳細な調査手続を経た結果，直近3期間における営業利益は簿価ベースで20から60であったところ，調整後では0から20となった。なお，税金への影響は未考慮としている。

【損益計算書】

	簿価			調整額			調整後		
	×1期	×2期	×3期	×1期	×2期	×3期	×1期	×2期	×3期
売上高	700	710	710	−	▲20	▲60	700	690	650
売上原価	600	580	560	−	−	−	600	580	560
売上総利益	100	130	150	−	▲20	▲60	100	110	90
販売費及び一般管理費	80	90	90	−	−	−	80	90	90
営業利益	20	40	60	−	▲20	▲60	20	20	−
営業外収益	−	−	−	−	−	−	−	−	−
営業外費用	10	8	7	−	−	−	10	8	7
経常利益	10	32	53	−	▲20	▲60	10	12	▲7
特別利益	−	4	3		20	60	−	24	63
特別損失									
税引前当期純利益	10	36	56	−	−	−	10	36	56
法人税等	4	13	20	−	−	−	4	13	20
当期純利益	7	23	36	−	−	−	7	23	36
減価償却費	60	50	30	−	−	−	60	50	30
償却前営業利益	80	90	90	−	▲20	▲60	80	70	30
償却前経常利益	70	82	83	−	▲20	▲60	70	62	23
償却前当期純利益	67	73	66	−	−	−	67	73	66
売上総利益率	14.3%	18.3%	21.1%				14.3%	15.9%	13.8%
営業利益率	2.9%	5.6%	8.5%				2.9%	2.9%	0.0%
経常利益率	1.4%	4.5%	7.5%				1.4%	1.7%	-1.1%

■本件のポイント

　直近期における極端な売上総利益率の改善と車両運搬具の急激な減少が
ポイントである。そのほかにも売上債権回転期間の短縮傾向や，月次損益
計算書の期末付近の極端な売上高増加，貸借対照表におけるその他流動負
債の不自然な動きなど，複数の項目で傾向は見て取れるため，全般的な数
値推移傾向を総合的に確認することが重要な事例である。

　最終的には，車両売却関連の証憑を確認することによって，粉飾決算の
実態が明らかになっている。なお，車両の売却相場が高かったことや借入
弁済原資確保が必要な局面であったということも重要な背景と思われる。

■検討プロセス

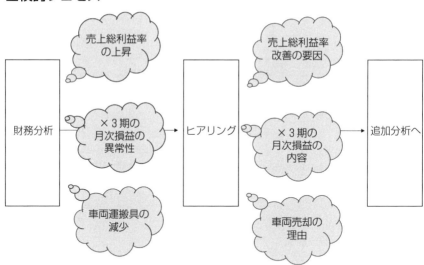

■買収価格への影響

　買収価格の算定方法には様々な方法があるが，仮に時価純資産に３年分の営業利益を加算する方法を前提とした場合における影響は以下のとおりとなる。

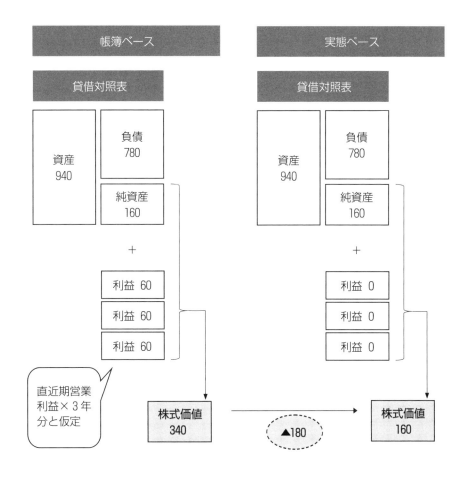

事例4：簿外借入等を利用した売上高の架空計上

■事例概要

製造業を営む会社において架空売上高および売掛金を計上し，簿外借入や他の資産換価による入金により売掛金の消込処理をしていた事例

■M&A打診の経緯

業績の伸び悩みを理由として，大手企業へのM&Aを検討するに至った。

■事業および商流の概要

✓ 電子部品の加工メーカー
✓ 得意先は大手電子部品メーカーが中心であり，部品用途は主にパソコン
✓ 継続的な設備投資が必要

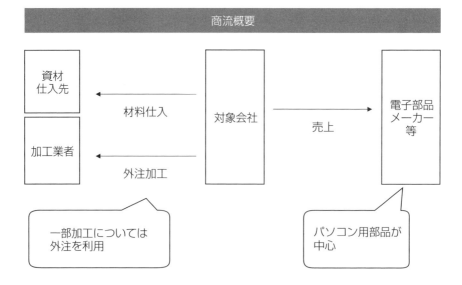

商流概要

■数値情報

【貸借対照表】

	×１期	×２期	×３期	構成比
現金預金	30	74	99	12%
売掛金	120	110	115	13%
棚卸資産	160	150	140	16%
その他流動資産	50	60	70	8%
建物	100	90	80	9%
土地	200	200	200	23%
その他固定資産	200	180	160	19%
資産合計	860	864	864	100%
買掛金	60	65	55	8%
未払金	70	70	70	11%
その他流動負債	50	50	50	8%
借入金	550	490	440	68%
その他固定負債	30	30	30	5%
負債合計	760	705	645	100%
純資産	100	159	219	
負債・純資産合計	860	864	864	

【回転期間】　　　　　　　　（単位：カ月）

	×１期	×２期	×３期
売上債権※1	1.8	1.8	1.9
棚卸資産※2	3.2	3.3	3.2
仕入債務※3	1.2	1.4	1.2

※1　売上債権÷（年間売上高÷12カ月）
※2　棚卸資産÷（年間売上原価÷12カ月）
※3　仕入債務÷（売上原価÷12カ月）

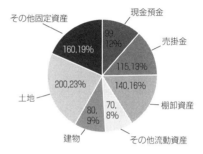

×３期　資産構成比

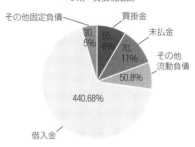

×３期　負債構成比

【損益計算書】

	×１期	×２期	×３期
売上高	800	720	710
売上原価	600	545	530
売上総利益	200	175	180
販売費及び一般管理費	80	80	80
営業利益	120	95	100
営業外収益	−	−	−
営業外費用	6	5	7
経常利益	114	90	93
特別利益	−	−	−
特別損失	−	−	−
税引前当期純利益	114	90	93
法人税等	40	32	33
当期純利益	74	59	60

減価償却費	120	105	90
償却前営業利益	240	200	190
償却前経常利益	234	195	183
償却前当期純利益	194	164	150

売上総利益率	25.0%	24.3%	25.4%
営業利益率	15.0%	13.2%	14.1%
経常利益率	14.3%	12.5%	13.1%

【キャッシュ・フロー計算書】

	×１期	×２期	×３期
営業CF	100	179	135
投資CF	▲60	▲75	▲60
財務CF	▲30	▲60	▲50
現預金増減	10	44	25
期首現預金	20	30	74
期末現預金	30	74	99

【×3期　月次貸借対照表】

	1月	2月	3月	4月	5月	6月	7月	8月	9月	10月	11月	12月
現金預金	71	84	93	101	111	136	154	154	162	172	192	99
売掛金	110	99	113	131	138	128	113	99	103	117	110	115
棚卸資産	150	150	150	150	150	150	150	150	150	150	150	140
その他流動資産	60	60	60	60	60	60	60	60	60	60	60	70
建物	89	88	88	87	86	85	84	83	83	82	81	80
土地	200	200	200	200	200	200	200	200	200	200	200	200
その他固定資産	173	166	158	151	143	136	128	121	113	106	98	160
資産合計	853	847	862	880	888	895	890	867	871	886	891	864
買掛金	50	40	50	60	60	60	50	40	40	50	50	55
未払金	70	70	70	70	70	70	70	70	70	70	70	70
その他流動負債	50	50	50	50	50	50	50	50	50	50	50	50
借入金	488	485	483	480	478	475	473	470	468	465	463	440
その他固定負債	30	30	30	30	30	30	30	30	30	30	30	30
負債合計	688	675	683	690	688	685	673	660	658	665	663	645
純資産	166	172	179	190	200	210	217	207	213	221	228	219
負債・純資産合計	853	847	862	880	888	895	890	867	871	886	891	864

【×3期　月次損益計算書】

	1月	2月	3月	4月	5月	6月	7月	8月	9月	10月	11月	12月
売上高	57	51	58	67	71	66	58	51	53	60	57	60
売上原価	42	38	43	50	53	49	43	38	40	45	42	45
売上総利益	14	13	15	17	18	17	15	13	14	15	14	15
販売費及び一般管理費	7	7	7	7	7	7	7	7	7	7	7	7
営業利益	8	6	8	10	11	10	8	6	7	9	8	8
営業外収益	-	-	-	-	-	-	-	-	-	-	-	-
営業外費用	0.4	0.4	0.4	0.4	0.6	0.6	0.6	0.6	0.6	0.6	0.6	0.6
経常利益	7	6	8	10	11	9	7	6	6	8	7	8
特別利益	-	-	-	-	-	-	-	-	-	-	-	-
特別損失	-	-	-	-	-	-	-	-	-	-	-	-
税引前当期純利益	7	6	8	10	11	9	7	6	6	8	7	8
法人税等	-	-	-	-	-	-	-	16	-	-	-	17
当期純利益	7	6	8	10	11	9	7	▲10	6	8	7	▲9

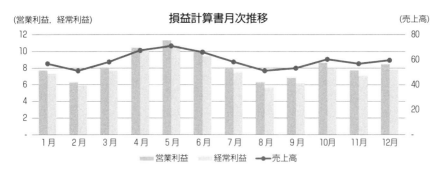

■着目した数値情報（粉飾決算に関連する部分のみを記載）

✓借入金が減少している

✓営業外費用が増加している

✓売上高が減少傾向にある

✓継続的に投資が行われている（投資キャッシュ・フローがマイナス）

✓×3期の売上高の4月〜6月が大きい

■確認したいポイント（粉飾決算に関連する部分のみを記載）

✓売上高の減少傾向の要因

✓営業外費用の内容および利息であった場合には借入金減少との関係

✓売上減少下で行われている投資の主な内容

✓×3期の売上高の4月〜6月が大きい要因

■ヒアリング例

×××××

×××××

×3期になって営業外費用が増加していますが，これの内容は金利支払でしょうか？

営業外費用の中身はすべて利息です。

近年借入金は減少傾向にあると思いますが，なぜ利息が増えたのでしょうか？

金利が上がっているからだと思いますよ。

何か金利が上がるような状況があったので
しょうか？

いえ，特にないはずなんですがね。最近売
上高も下降気味だからかもしれませんね。

たしかにそうですね。売上高減少の要因は
何かありますでしょうか？

取引先で不良を出しちゃいましてね。その
影響が多少あると思います。

なるほど。それはいつ頃の話でしょうか？

たしか，×2期で出てしまって，直近期で
もありましたね。

不良発生の原因は何だったのでしょうか？

検査工程で新人が発見を漏らしたこともあ
るのですが，そもそも設備が古くて，不良
が出やすくなっていたことが要因でした。

近年はそれなりに設備投資を継続的に行っ
ているようにも見えましたが，不良対応が
主な要因でしょうか？

そうですね。その要因が大きいです。設備
を一度にすべて入れ替えることはできない
ので，順次入れ替え投資を行っています。

不良対応については，その他どのようなコ
ストが発生したのでしょうか？

納期が間に合わなくなってしまったので，
結構外注を使いましたね。

直近だといつ頃の話でしょうか？

はっきり覚えてはいませんが，×3期も夏前ぐらいまではバタバタしていましたね。

そういえば，×3期の夏前というと，売上高が比較的好調だった時期ですね。

何しろ忙しかった記憶はあるので，そうなのかもしれませんが，あまり覚えていないですね。

わかりました。ちなみに，不良対応もあったにしても売上総利益率は従前の水準をキープできているんですね？

そうですね。いろいろ切り詰めながらやっていますから，なんとかなっていますよ。

×××××

×××××

■ヒアリングから判明した事項

✓営業外費用の内容は支払利息であった。

✓借入金が減少しているが，支払利息増加は金利の引上げによるもの。ただし，引上げ理由について明確な説明がなかった。

✓売上高の減少傾向は取引先で発生した不良によるもの。

✓近年の設備投資は不良対応による設備の入れ替えによる影響が大きい。

✓不良対応による原価の増加が生じている。

✓×3期の4月から6月の売上高増加は特別な要因なし。

■追加的な対応

✓借入金の金利について証憑の確認（契約書等）支払利息の元帳査閲

✓×3期の月次得意先別売上高の確認

✓不良対応による原価の発生時期の確認

など

■追加対応の結果判明した事項

✓×3期の支払利息の元帳で相手先名不明の支払利息があった。

✓×3期の月次得意先別売上高資料と試算表の月次売上高資料に差異が生じていることが判明した（得意先別売上高資料＜試算表月次売上高）。

✓不良対応による外注費が×3期の4月から6月に発生していた。

（さらに他の調査手続の結果，以下が判明）

✓×3期の4月から6月に計上されている売上高に対応した売掛金の回収入金処理が現金により行われていることが判明した。

✓その他固定資産に含まれていた保険積立金のうち，一部は解約済みとなっていたが帳簿減額処理が行われていなかった。

✓追加ヒアリングの結果，個人借入で調達した資金を会社に投入している事実があることが判明した。

■粉飾の概要

> ✔ ×３期の４月から６月にかけて架空の売上高が計上されていた。
>
> ✔ 上記架空売上に対応する売掛金は簿外借入による入金や保険積立金の解約返戻金による入金で消込が行われていた。
>
> ✔ 簿外借入について，支払利息の支払のみが帳簿上で処理されていた。

（支払利息の状況）

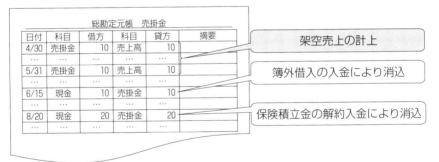

【支払利息÷借入金】

	×１期	×２期	×３期
支払利息	6	5	7
借入金	550	490	440
支払利息÷借入金	1.1%	1.0%	1.6%

総勘定元帳　支払利息

科目	借方	科目	貸方	摘要
支払利息	0.10	預金	0.10	A銀行
支払利息	0.05	預金	0.05	B銀行
支払利息	0.05	預金	0.05	C銀行
支払利息	0.30	預金	0.30	
…				
…				

（粉飾仕訳の概要）

総勘定元帳　売掛金

日付	科目	借方	科目	貸方	摘要
4/30	売掛金	10	売上高	10	
…	…	…	…	…	
5/31	売掛金	10	売上高	10	
…	…	…	…	…	
6/15	現金	10	売掛金	10	
…	…	…	…	…	
8/20	現金	20	売掛金	20	
…	…	…	…	…	

- 架空売上の計上
- 簿外借入の入金により消込
- 保険積立金の解約入金により消込

■粉飾の目的

> ✔ 不良が発生したことで，売上高が減少傾向にあり，×３期の４月から６月にかけては外注費を中心とした対応原価が多額に発生したため，これらによる業績低迷を隠蔽する目的で架空売上を計上していた。
>
> ✔ 架空売上に対応する売掛金の滞留を防ぐため，簿外の借入や保険積立金の解約による入金額を売掛金の回収と偽って経理処理を行っていた。

■実態貸借対照表

　直近期である×3期において財務調整を考慮すると，簿価ベースでは219である純資産の調整後残高は159となった。

【×3期　貸借対照表】

	簿価	調整	調整後		簿価	調整	調整後
現金預金	99		99	買掛金	55		55
売掛金	115		115	未払金	70		70
棚卸資産	140		140	その他流動負債	50		50
その他流動資産	70		70	借入金	440	40	480
建物	80		80	その他固定負債	30		30
土地	200		200	負債合計	645	40	685
その他固定資産	160	▲20	140	純資産	219	▲60	159
資産合計	864	▲20	844	負債・純資産合計	864	▲20	844

■実態損益計算書3期推移

　直近3期間における営業利益は簿価ベースで95から120であったところ，調整後では40から120となった。なお，税金への影響は未考慮としている。

【損益計算書】

	簿価			調整額			調整後		
	×1期	×2期	×3期	×1期	×2期	×3期	×1期	×2期	×3期
売上高	800	720	710	–	–	▲60	800	720	650
売上原価	600	545	530	–	–		600	545	530
売上総利益	200	175	180	–	–	▲60	200	175	120
販売費及び一般管理費	80	80	80	–	–		80	80	80
営業利益	120	95	100	–	–	▲60	120	95	40
営業外収益	–	–	–				–	–	–
営業外費用	6	5	7	–	–		6	5	7
経常利益	114	90	93	–	–	▲60	114	90	33
特別利益	–	–	–				–	–	–
特別損失	–	–	–				–	–	–
税引前当期純利益	114	90	93	–	–	▲60	114	90	33
法人税等	40	32	33				40	32	33
当期純利益	74	59	60	–	–	▲60	74	59	0
減価償却費	120	105	90	–	–	–	120	105	90
償却前営業利益	240	200	190	–	–	▲60	240	200	130
償却前経常利益	234	195	183	–	–	▲60	234	195	123
償却前当期純利益	194	164	150	–	–	▲60	194	164	90
売上総利益率	25.0%	24.3%	25.4%				25.0%	24.3%	18.5%
営業利益率	15.0%	13.2%	14.1%				15.0%	13.2%	6.2%
経常利益率	14.3%	12.5%	13.1%				14.3%	12.5%	5.1%

■本件のポイント

　借入金が毎期減少している状況下で，営業外費用（支払利息）が増加しているという微妙な数値変動に違和感を持てるかどうかという点が最初のポイントである。本事例では，その他の財務推移や回転期間にも目立った異常性は見受けられないため，わずかな数値変化への着目をきっかけに違和感のある情報を引き出すことができるかがカギとなっている。ヒアリングでは売上の減少傾向が不良発生によるものであり，直近期である×3期においてその対応が生じていることが判明している一方で売上総利益率が悪化していないことも，不自然さの1つである。売上高管理資料（得意先別明細）との不整合や，不良対応原価（外注費）の発生時期（4月から6月），該当月の売上計上についての入金の不自然さ（現金入金），その他固定資産における解約済み保険の存在など，周辺情報を集めて組み合わせていくことで粉飾の実態が浮かび上がっていく事例である。本事例に限ったことではないが，財務・ヒアリングを交えた多方面からの検討が重要である。

■検討プロセス

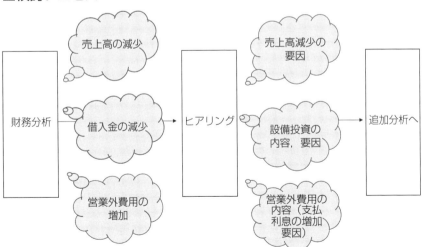

■買収価格への影響

　買収価格の算定方法には様々な方法があるが，仮に時価純資産に３年分の営業利益を加算する方法を前提とした場合における影響は以下のとおりとなる。

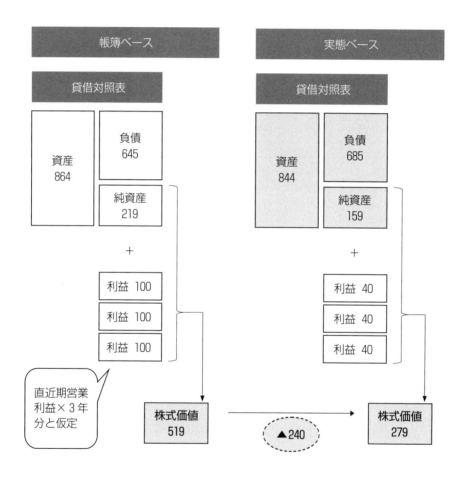

事例 5 ：固定資産取得計上を利用した売上高の架空計上

■事例概要

雑貨店舗を営む会社において架空売上高および固定資産を計上し，減価償却費により消込処理をしていた事例

■M&A打診の経緯

多店舗展開による不採算店舗が増加したことで資金不足となり，M&Aを検討するに至った。

■事業および商流の概要

✓ 雑貨用品の小売業
✓ 主に中国や東南アジアから輸入を行っている
✓ 新規出店が経常的に発生している

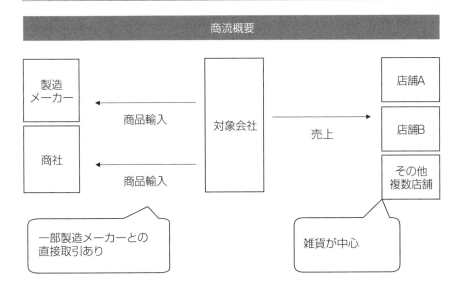

商流概要

■数値情報

【貸借対照表】

	×1期	×2期	×3期	構成比
現金預金	710	501	226	12%
売掛金	150	150	150	8%
棚卸資産	144	147	143	8%
その他流動資産	20	20	20	1%
建物	443	750	1,200	66%
土地	55	55	55	3%
その他固定資産	34	34	34	2%
資産合計	1,556	1,657	1,828	100%
買掛金	116	115	117	8%
未払金	50	50	50	3%
その他流動負債	50	50	50	3%
借入金	1,200	1,190	1,180	79%
その他固定負債	100	100	100	7%
負債合計	1,516	1,505	1,497	100%
純資産	40	152	331	
負債・純資産合計	1,556	1,657	1,828	

【回転期間】　　　　　　　　（単位：カ月）

	×1期	×2期	×3期
売上債権※1	1.8	1.5	1.2
棚卸資産※2	4.3	3.5	2.9
仕入債務※3	3.5	2.7	2.3

※1　売上債権÷(年間売上高÷12カ月)
※2　棚卸資産÷(年間売上原価÷12カ月)
※3　仕入債務÷(売上原価÷12カ月)

×3期　資産構成比

【損益計算書】

	×1期	×2期	×3期
売上高	1,000	1,200	1,500
売上原価	450	504	600
売上総利益	550	636	900
販売費及び一般管理費	450	500	600
営業利益	100	196	300
営業外収益	−	−	−
営業外費用	25	24	24
経常利益	125	172	276
特別利益	−	−	−
特別損失	−	−	−
税引前当期純利益	125	172	276
法人税等	44	60	97
当期純利益	81	112	180

	×1期	×2期	×3期
減価償却費	44	75	120
償却前営業利益	194	271	420
償却前経常利益	169	247	396
償却前当期純利益	126	187	300

	×1期	×2期	×3期
売上総利益率	60.0%	58.0%	60.0%
営業利益率	15.0%	16.3%	20.0%
経常利益率	12.5%	14.3%	18.4%

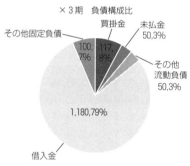

×3期　負債構成比

【キャッシュ・フロー計算書】

	×1期	×2期	×3期
営業CF	55	183	306
投資CF	▲55	▲382	▲570
財務CF	▲50	▲10	▲10
現預金増減	▲50	▲209	▲274
期首現預金	760	710	501
期末現預金	710	501	226

【×3期　月次貸借対照表】

	1月	2月	3月	4月	5月	6月	7月	8月	9月	10月	11月	12月
現金預金	475	445	418	435	441	424	405	357	347	336	326	226
売掛金	117	108	126	252	126	122	117	144	144	144	144	150
棚卸資産	147	147	147	147	147	147	147	147	147	147	147	143
その他流動資産	20	20	20	20	20	20	20	20	20	20	20	20
建物	788	815	843	870	898	925	953	980	1,008	1,035	1,063	1,200
土地	55	55	55	55	55	55	55	55	55	55	55	55
その他固定資産	34	34	34	34	34	34	34	34	34	34	34	34
資産合計	1,635	1,624	1,642	1,813	1,721	1,727	1,731	1,737	1,754	1,771	1,788	1,828
買掛金	90	80	90	190	90	90	90	110	110	110	110	117
未払金	50	50	50	50	50	50	50	50	50	50	50	50
その他流動負債	50	50	50	50	50	50	50	50	50	50	50	50
借入金	1,188	1,185	1,183	1,180	1,178	1,175	1,173	1,170	1,168	1,165	1,163	1,180
その他固定負債	100	100	100	100	100	100	100	100	100	100	100	100
負債合計	1,478	1,465	1,473	1,570	1,468	1,465	1,463	1,480	1,478	1,475	1,473	1,497
純資産	158	159	170	243	253	262	268	257	277	296	316	331
負債・純資産合計	1,635	1,624	1,642	1,813	1,721	1,727	1,731	1,737	1,754	1,771	1,788	1,828

【×3期　月次損益計算書】

	1月	2月	3月	4月	5月	6月	7月	8月	9月	10月	11月	12月
売上高	98	90	105	210	105	102	98	120	120	120	120	213
売上原価	40	37	43	85	43	41	40	49	49	49	49	79
売上総利益	58	53	62	125	62	61	58	71	71	71	71	134
販売費及び一般管理費	50	50	50	50	50	50	50	50	50	50	50	50
営業利益	8	3	12	75	12	11	8	21	21	21	21	84
営業外収益	–	–	–	–	–	–	–	–	–	–	–	–
営業外費用	2.0	2.0	2.0	2.0	2.0	2.0	2.0	2.0	2.0	2.0	2.0	2.0
経常利益	6	1	10	73	10	9	6	19	19	19	19	82
特別利益	–	–	–	–	–	–	–	–	–	–	–	–
特別損失	–	–	–	–	–	–	–	–	–	–	–	–
税引前当期純利益	6	1	10	73	10	9	6	19	19	19	19	82
法人税等	–	–	–	–	–	–	–	30	–	–	–	67
当期純利益	6	1	10	73	10	9	6	▲11	19	19	19	16

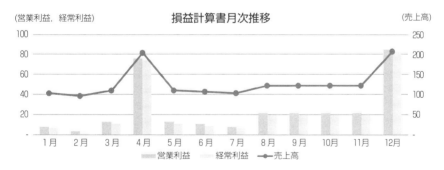

（営業利益，経常利益）　　　　損益計算書月次推移　　　　（売上高）

■着目した数値情報（粉飾決算に関連する部分のみを記載）

✓ 売上高全体が増加傾向にある

✓ 売上高には季節的変動があり，4月と12月がピーク

✓ 売上債権の回転期間は短期化している

✓ 売上総利益率が上昇傾向

✓ 有形固定資産が増加傾向

✓ 利益は出ているものの，現金預金は減少傾向

■確認したいポイント（粉飾決算に関連する部分のみを記載）

✓ 売上高と販管費の増加要因

✓ 4月と12月の売上高が同水準であるにもかかわらず，営業利益水準が異なる要因

✓ 売上債権の回収サイトの変化

✓ 売上総利益率が上昇している理由

✓ 増加した有形固定資産の内訳

■ヒアリング例

×××××

×××××

売上高と販管費が増加傾向にありますが，どのような要因でしょうか？

新規出店をしており，店舗数の増加によるものです。

なるほど。各店舗の状況はどうですか？

店舗ごとで見ると，既存店は低迷している店舗が多いですね。

建物附属設備が増加傾向にあるのは新規出店分ということでしょうか？

ご理解のとおりです。

売掛金の回転期間が短期化していますが，回収サイトに変化はありますか？

大半はクレジットカード分ですが，特に回収サイトに変化はありません。

なるほど。他に売掛金の売上に対する割合が低下している要因は考えられますか？

明確にはわからないですね。たまたま現金利用客が多かったとかそんなところでしょうか。

わかりました。次に×3期の売上総利益率が前年比で上昇している要因を教えていただけますでしょうか。

最近は円安等により輸入の調達コストが上昇していますので，全般的に商品の販売価格を引き上げています。

仕入価格の上昇率以上に売価を上げているということでしょうか？

そうですね。弊社はある程度認知されており，強気の値付けができますので。

客数に影響はないですか？

今のところ大きな影響はないです。

4月と12月の売上が特に高水準ですが，理由を教えてください。

4月は新生活による買い替え需要，12月はクリスマスプレゼント需要で特に売上が上がる月です。

なるほど，一方で4月と12月の売上高は同じくらいですが，12月の営業利益のほうが高いのはなぜでしょうか？

年末ですので，比較的値入率の高い高単価商品が売れている影響だと思いますよ。

×××××

×××××

■ヒアリングから判明した事項

✓ 売上高と販管費および有形固定資産の増加要因は，店舗数の増加であった。

✓ 1店舗当たりの売上高は年々低迷している。

✓ 売掛金の大半はクレジットカード未収金であるが，特に回収サイトの変化はない。

✓ 調達コストは円安等により上昇傾向。

✓ 売上総利益率の改善については，売価を引き上げている。

■追加的な対応

✓ 店舗別売上高と損益推移の確認

✓ 固定資産台帳の確認

✓ 売上高の元帳の閲覧，売上高のシステムデータとの照合

■追加対応の結果判明した事項

✓ ×３期の店舗別損益について，売上総利益率が異常に高い店舗があった。

✓ 固定資産台帳の新規店舗分の建物附属設備を確認したところ，各店舗の投資額はそれぞれ異なる状況だが，近年の投資単価は上昇していた。

✓ ×３期売上高の元帳を確認したところ，大半は借方が売掛金または資金諸口であるものの，一部で「資金外諸口」と記載され，売上計上されているものが存在した。

✓ ×３期の売上と販売管理システムの売上を照合したところ，不一致となり，さらに掘り下げたところ，一部の店舗が原因であった。

（さらに他の調査手続の結果，以下が判明）

✓ 売上高元帳の資金外諸口の金額は，仕訳帳における資金外諸口勘定の明細が大量にあり，対応関係が明確ではないが，入金がなく，相手先が建物附属設備で処理されているように推測された。

✓ 売上高と販売管理システムの差異要因となっている店舗を確認したところ，店舗別損益で粗利率が異常値を示す店舗であった。

✓ 追加ヒアリングと追加資料（通帳およびweb照会）によると，直近出店した店舗について，固定資産簿価よりも実際の出金額が少額であった。

■粉飾の概要

✓×3期の12月において架空売上が計上されていた。

✓架空売上は，新規出店時の投資である建物を実際の支出よりも水増しすることで計上され，減価償却費により費用化されていた。

（店舗別損益の状況）

店舗別損益

	A店	B店	C店	…
売上高	150	300	250	…
売上総利益	77	255	125	…
売上総利益率	51%	85%	50%	…
販管費	110	95	90	…
営業利益	▲34	160	35	…

架空売上により売上総利益率が異常値

（粉飾仕訳の概要）

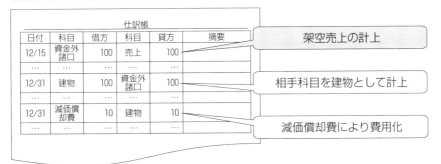

仕訳帳

日付	科目	借方	科目	貸方	摘要
12/15	資金外諸口	100	売上	100	
…	…	…	…	…	
12/31	建物	100	資金外諸口	100	
…	…	…	…	…	
12/31	減価償却費	10	建物	10	
…	…	…	…	…	

架空売上の計上

相手科目を建物として計上

減価償却費により費用化

■粉飾の目的

✓既存店については業績低迷が続いていた。M&Aの売却対価を有利に進めることを念頭に，新規出店時の店舗投資を水増しすることで業績が好転しているように見せていた。

✓足元の調達コストの上昇を実際は価格転嫁できていないことが業績低迷の背景にある。

✓不良資産が滞留しないように，減価償却費によって費用化可能な有形固定資産を架空売上の相手科目として利用していた。

■実態貸借対照表

　直近期である×3期において財務調整を考慮すると，簿価ベースでは331である純資産の調整後残高は241となった。

【×3期　貸借対照表】

	簿価	調整	調整後		簿価	調整	調整後
現金預金	226		226	買掛金	117		117
売掛金	150		150	未払金	50		50
棚卸資産	143		143	その他流動負債	50		50
その他流動資産	20	▲90	20	借入金	1,180		1,180
建物	1,200		1,110	その他固定負債	100		100
土地	55		55	負債合計	1,497	–	1,497
その他固定資産	34		34	純資産	331	▲90	241
資産合計	1,828	▲90	1,738	負債・純資産合計	1,828	▲90	1,738

■実態損益計算書3期推移

　直近3期間における営業利益は簿価ベースで150から300であったところ，調整後では150から210となった。なお，税金への影響は未考慮としている。

【損益計算書】

	簿価			調整額			調整後		
	×1期	×2期	×3期	×1期	×2期	×3期	×1期	×2期	×3期
売上高	1,000	1,200	1,500	–	–	▲100	1,000	1,200	1,400
売上原価	400	504	600	–	–	–	400	504	600
売上総利益	600	696	900	–	–	▲100	600	696	800
販売費及び一般管理費	450	500	600	–	–	▲10	450	500	590
営業利益	150	196	300	–	–	▲90	150	196	210
営業外収益	–	–	–	–	–	–	–	–	–
営業外費用	25	24	24	–	–	–	25	24	24
経常利益	125	172	276	–	–	▲90	125	172	186
特別利益	–	–	–	–	–	–	–	–	–
特別損失	–	–	–	–	–	–	–	–	–
税引前当期純利益	125	172	276	–	–	▲90	125	172	186
法人税等	44	60	97	–	–	–	44	60	97
当期純利益	81	112	180	–	–	▲90	81	112	90
減価償却費	44	75	120	–	–	–	44	75	120
償却前営業利益	194	271	420	–	–	▲90	194	271	330
償却前経常利益	169	247	396	–	–	▲90	169	247	306
償却前当期純利益	126	187	300	–	–	▲90	126	187	210
売上総利益率	60.0%	58.0%	60.0%				60.0%	58.0%	57.1%
営業利益率	15.0%	16.3%	20.0%				15.0%	16.3%	15.0%
経常利益率	12.5%	14.3%	18.4%				12.5%	14.3%	13.3%

■本件のポイント

　調達コストが上がっているにもかかわらず，売上総利益率が上昇傾向であることに違和感を持てるかどうかがポイントである。また，本事例では，固定資産の水増しによって架空売上が発生しており，通常は売上高の相手科目として想定し得ない科目を利用しているため，架空資産の存在がわかりづらく，売上総利益率等のフロー数値の推移変化への着目も重要である。ヒアリングでは売上債権の回収サイトに変化がないとの回答を得ているが，売上債権の回転期間が短縮していることも不自然である。その他，月次損益計算書においても，同水準の売上高となっている12月と4月で営業利益に大きな差異がある点，店舗別損益資料で明確な理由がない各店舗売上総利益率の相違，全体として利益は生じているにもかかわらず現預金は減少傾向であった点，固定資産台帳における投資単価の近年の上昇，売上元帳における通例でない仕訳（資金外諸口）の記帳など粉飾による歪みが複数の数値資料において表れている。まずは数値に関する疑問点・違和感を入り口として，ヒアリングや資料閲覧を踏まえた多角的な分析が重要である。

■検討プロセス

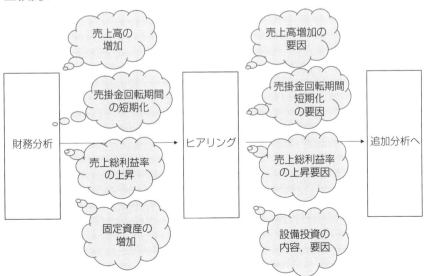

■買収価格への影響

　買収価格の算定方法には様々な方法があるが，仮に時価純資産に３年分の営業利益を加算する方法を前提とした場合における影響は以下のとおりとなる。

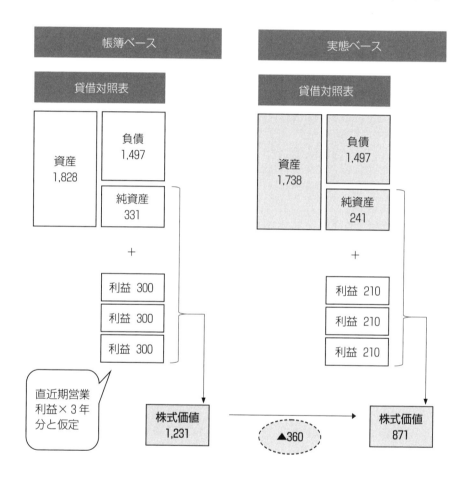

事例6：翌期売上高の前倒しによる売上高の過大計上

■事例概要

保守点検事業において，翌期売上高を当期に売上高計上していた事例

■M&A打診の経緯

古くからの安定顧客が年々減少し，売上高の低下に歯止めがかからず
M&Aを検討するに至った。

■事業および商流の概要

✓ 設備の販売と保守点検事業
✓ 設備販売後，継続的な保守点検サービスを受注する
✓ 人材不足や，他社との競合が激しく，新規および既存ともに年々顧客は
　減少している

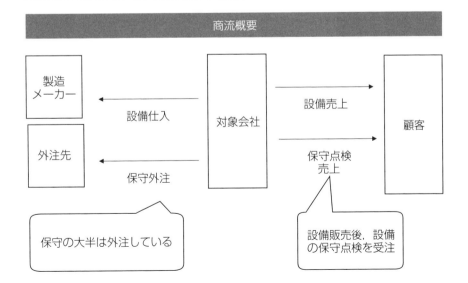

■数値情報

【貸借対照表】

	×1期	×2期	×3期	構成比
現金預金	228	235	204	19%
売掛金	220	210	340	32%
棚卸資産	100	95	105	10%
その他流動資産	30	30	30	3%
建物	150	150	150	14%
土地	200	200	200	19%
その他固定資産	25	25	25	3%
資産合計	953	945	1,054	100%
買掛金	130	115	190	25%
未払金	20	20	20	2%
その他流動負債	13	13	13	2%
借入金	540	530	520	68%
その他固定負債	20	20	20	3%
負債合計	723	698	763	100%
純資産	230	247	291	
負債・純資産合計	953	945	1,054	

【回転期間】　　　　　　　（単位：カ月）

	×1期	×2期	×3期
売上債権※1	1.3	1.3	2.0
棚卸資産※2	0.9	0.8	0.9
仕入債務※3	1.1	1.0	1.6

※1　売上債権÷（年間売上高÷12カ月）
※2　棚卸資産÷（年間売上原価÷12カ月）
※3　仕入債務÷（売上原価÷12カ月）

×3期　資産構成比

×3期　負債構成比

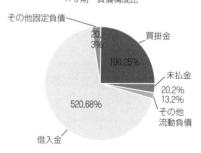

【損益計算書】

	×1期	×2期	×3期
売上高	2,000	1,980	2,050
売上原価	1,400	1,406	1,435
売上総利益	600	574	615
販売費及び一般管理費	550	550	550
営業利益	50	24	65
営業外収益	10	10	10
営業外費用	8	8	8
経常利益	52	26	67
特別利益	–	–	–
特別損失	–	–	–
税引前当期純利益	52	26	67
法人税等	18	9	23
当期純利益	34	17	44

減価償却費	10	10	10
償却前営業利益	60	34	75
償却前経常利益	62	36	77
償却前当期純利益	44	27	54

売上総利益率	30.0%	29.0%	30.0%
営業利益率	2.5%	1.2%	3.2%
経常利益率	2.6%	1.3%	3.3%

【キャッシュ・フロー計算書】

	×1期	×2期	×3期
営業CF	35	27	▲11
投資CF	▲10	▲10	▲10
財務CF	▲10	▲10	▲10
現預金増減	15	7	▲31
期首現預金	213	228	235
期末現預金	228	235	204

【×3期　月次貸借対照表】

	1月	2月	3月	4月	5月	6月	7月	8月	9月	10月	11月	12月
現金預金	298	307	310	312	319	318	316	315	315	320	329	204
売掛金	214	220	235	191	206	209	214	214	204	212	217	340
棚卸資産	95	95	95	95	95	95	95	95	95	95	95	105
その他流動資産	30	30	30	30	30	30	30	30	30	30	30	30
建物	150	150	150	150	150	150	150	150	150	150	150	150
土地	200	200	200	200	200	200	200	200	200	200	200	200
その他固定資産	25	24	23	23	22	21	20	19	18	18	17	25
資産合計	1,012	1,026	1,044	1,001	1,021	1,022	1,025	1,023	1,013	1,025	1,038	1,054
買掛金	180	190	200	160	180	180	180	180	170	180	190	190
未払金	20	20	20	20	20	20	20	20	20	20	20	20
その他流動負債	13	13	13	13	13	13	13	13	13	13	13	13
借入金	528	525	523	520	518	515	513	510	508	505	503	520
その他固定負債	20	20	20	20	20	20	20	20	20	20	20	20
負債合計	761	768	776	733	751	748	746	743	731	738	746	763
純資産	252	258	268	268	271	274	279	280	282	287	292	291
負債・純資産合計	1,012	1,026	1,044	1,001	1,021	1,022	1,025	1,023	1,013	1,025	1,038	1,054

【×3期　月次損益計算書】

	1月	2月	3月	4月	5月	6月	7月	8月	9月	10月	11月	12月
売上高	169	173	185	150	163	165	169	169	161	167	171	210
売上原価	118	121	130	105	114	115	118	118	112	117	120	147
売上総利益	51	52	56	45	49	49	51	51	48	50	51	63
販売費及び一般管理費	46	46	46	46	46	46	46	46	46	46	46	46
営業利益	5	6	10	▲1	3	4	5	5	2	4	5	17
営業外収益	1	1	1	1	1	1	1	1	1	1	1	1
営業外費用	0.7	0.7	0.7	0.7	0.7	0.7	0.7	0.7	0.7	0.7	0.7	0.7
経常利益	5	6	10	▲1	3	4	5	5	3	4	6	17
特別利益	-	-	-	-	-	-	-	-	-	-	-	-
特別損失	-	-	-	-	-	-	-	-	-	-	-	-
税引前当期純利益	5	6	10	▲1	3	4	5	5	3	4	6	17
法人税等	-	-	-	-	-	-	-	-	5	-	-	19
当期純利益	5	6	10	▲1	3	4	5	0	3	4	6	▲2

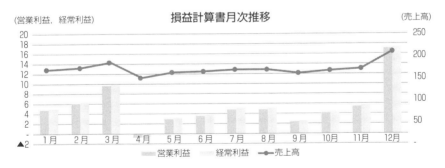

損益計算書月次推移

■着目した数値情報（粉飾決算に関連する部分のみを記載）

> ✓売上高に季節的変動がある
>
> ✓×2期は前期比で減収，×3期は増収
>
> ✓売上債権と仕入債務の回転期間は直近が長期化している
>
> ✓売上債権と仕入債務が前期比で増加
>
> ✓×3期の営業キャッシュ・フローが赤字

■確認したいポイント（粉飾決算に関連する部分のみを記載）

> ✓売上高の季節的変動の要因（例年の季節的変動含む）
>
> ✓×2期で減収であるものの，×3期で増収となった要因
>
> ✓売上債権と仕入債務の回転期間が長期化した理由
>
> ✓売上債権と仕入債務の増加理由
>
> ✓営業キャッシュ・フローの赤字要因

■ヒアリング例

> ×××××

> ×××××

> 月次で見ると売上高に季節的変動がありますが，要因を教えてください。

> 3月は官庁向けの設備販売で，12月は民間向けの設備販売がピークになります。

> 顧客別以外に売上の種類区分はあるのでしょうか。

弊社は設備売上と保守点検売上があります。設備売上はスポット的な要素が強いので，毎期変動しますが，保守点検売上については比較的安定はしています。

なるほど。×3期の売上高が前期比で増加した要因を教えてください。

期末付近にスポットで売上が発生しましたので，その分が増収になっていると思います。

スポット分とはどのような内容でしょうか。

今期は大手企業から大型案件の売上が期末付近に発生し，その分が寄与しています。

設備売上と保守点検売上の区分ではどちらでしょうか。

設備売上が寄与しています。

×2期の売上高が前期比で減少した要因を教えてください。

×2期は，人手不足と他社との競争激化で，顧客からの受注が他社に流れていました。×3期は，働き方改革による労働生産性の向上と，効率改善で生まれた時間を営業強化に振り向けることで，なんとか戻すことができました。

1年でそこまで改善できるものなのですね。

危機感を持って仕事をしてますから，スピード感が違いますよ。

わかりました。資料も見てみます。次に，売上債権の回転期間と仕入債務の回転期間が直近期に長くなっており，営業キャッシュ・フローも赤字ですが，何か要因はありますでしょうか。

それは先ほどの期末付近のスポット大型案件の債権債務が残存している影響だと思います。

同じ要因なのですね。債権債務の回収と支払条件はどのようになっていますか。

基本的には，末締めの翌月末払いになっていますが，このスポット案件は金額も少し大きめですので，顧客から1カ月伸ばしてほしいと言われており，翌々月末としています。債権の回収条件に合わせて，仕入先や外注先の支払条件も1カ月伸ばしてもらっています。

相手は大手企業で，それほど資金繰りに困っていないと思いますが，支払条件を個別案件ごとに変えているのは珍しいですね。

弊社も意図はわかりませんが，こちらのパワーバランスが弱く，言われたことは断れませんので。

×××××

×××××

■ヒアリングから判明した事項

✓ 売上高の季節的変動は，設備販売において 3 月は官庁向け売上のピーク，12月は主に民間向け売上のピークとのことであった。
✓ 設備売上はスポットの要素が強く毎期変動があるが，保守点検売上については毎期安定している。
✓ 売上債権と仕入債務の回転期間の長期化と売上高増加の要因は，期末日付近にスポット大型案件が発生したことによる。

■追加的な対応

✓ 売上高の季節的変動について，設備と保守点検で前年同月で比較を行う
✓ 売上債権と仕入債務について，相手先別明細によりスポット発生している相手先を特定する
✓ 売上債権と仕入債務に関する元帳を閲覧する
など

■追加対応の結果判明した事項

✓ 売上高を設備と保守点検で前年同月比で比較したところ，安定しているはずの保守点検売上高について12月の売上は前年同月で大きな増加があった。一方で，12月の設備売上が前年同月で減少していた。
✓ 相手先別明細と元帳を閲覧したところ，売上債権と仕入債務の増加要因となっている相手先は12月に計上されている相手先であった。
（さらに他の調査手続の結果，以下が判明）
✓ 12月の保守点検売上と売上債権の増加要因となっている得意先取引について，証憑を徴収したところ，作業完了日が翌期 1 月になっていた。
✓ 仕入債務の増加要因となっている外注先取引についても資料を徴収したところ，同様に作業完了日が翌期 1 月と期ずれになっていた。

■粉飾の概要

✔ ×3期の12月において翌期の売上高が当期に前倒し計上されていた。

✔ 設備売上ではなく，在庫が動かない保守点検売上が粉飾に利用されていた。

✔ 売上総利益率が変動しないように，外注費についても前倒し計上を行っていた。

（保守点検売上と設備売上推移の状況）

保守点検売上	1月	2月	3月	4月	5月	6月	7月	8月	9月	10月	11月	12月	合計
×3期	34	35	37	30	33	33	34	34	32	33	34	132	500
×2期	31	32	34	28	30	30	31	31	29	31	31	38	376
×3期粉飾												90	

設備売上	1月	2月	3月	4月	5月	6月	7月	8月	9月	10月	11月	12月	合計
×3期	135	138	148	120	130	132	135	135	128	133	137	78	1,550
×2期	132	135	145	118	127	129	132	132	126	130	134	164	1,604

（売掛金相手先別明細）

売掛金相手先別明細

…	…
A社	90
合計	340

（粉飾仕訳の概要）

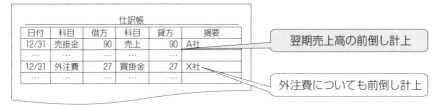

仕訳帳

日付	科目	借方	科目	貸方	摘要
12/31	売掛金	90	売上	90	A社
…	…	…	…	…	
12/31	外注費	27	買掛金	27	X社
…	…	…	…	…	

翌期売上高の前倒し計上

外注費についても前倒し計上

■粉飾の目的

> ✓ 人材不足と他社との競合状況により設備販売の受注は減少傾向であり，歯止めがきかない状況であった。特にピークであるはずの12月設備売上が大幅に下振れたため，金融機関やM&Aの買い手に対して足元の業況悪化を隠蔽する目的で売上の前倒し計上が行われた。
>
> ✓ 売上高のみ調整を行うと売上総利益率が異常となるため，外注費についてもあわせて前倒し計上をした。
>
> ✓ 事業は設備売上と保守点検売上の2種類があり，在庫を動かす必要がなく，調整しやすい保守点検売上を前倒し計上の対象とした。

■実態貸借対照表

　直近期である×3期において財務調整を考慮すると，簿価ベースでは291である純資産の調整後残高は228となった。

【×3期　貸借対照表】

	簿価	調整	調整後		簿価	調整	調整後
現金預金	204		204	買掛金	190	▲27	163
売掛金	340	▲90	250	未払金	20		20
棚卸資産	105		105	その他流動負債	13		13
その他流動資産	30		30	借入金	520		520
建物	150		150	その他固定負債	20		20
土地	200		200	負債合計	763	▲27	736
その他固定資産	25		25	純資産	291	▲63	228
資産合計	1,054	▲90	964	負債・純資産合計	1,054	▲90	964

■実態損益計算書3期推移

　直近3期間における営業利益は簿価ベースで24から65であったところ，調整後では2から50となった。なお，税金への影響は未考慮としている。

【損益計算書】

	簿価			調整額			調整後		
	×1期	×2期	×3期	×1期	×2期	×3期	×1期	×2期	×3期
売上高	2,000	1,980	2,050	－	－	▲90	2,000	1,980	1,960
売上原価	1,400	1,406	1,435	－	－	▲27	1,400	1,406	1,408
売上総利益	600	574	615	－	－	▲63	600	574	552
販売費及び一般管理費	550	550	550	－	－	－	550	550	550
営業利益	50	24	65	－	－	▲63	50	24	2
営業外収益	10	10	10	－	－	－	10	10	10
営業外費用	8	8	8	－	－	－	8	8	8
経常利益	52	26	67	－	－	▲63	52	26	4
特別利益	－	－	－	－	－	－	－	－	－
特別損失	－	－	－	－	－	－	－	－	－
税引前当期純利益	52	26	67	－	－	▲63	52	26	4
法人税等	18	9	23	－	－	－	18	9	23
当期純利益	34	17	44	－	－	▲63	34	17	▲19
減価償却費	10	10	10	－	－	－	10	10	10
償却前営業利益	60	34	75	－	－	▲63	60	34	12
償却前経常利益	62	36	77	－	－	▲63	62	36	14
償却前当期純利益	44	27	54	－	－	▲63	44	27	▲9
売上総利益率	30.0%	29.0%	30.0%				30.0%	29.0%	28.2%
営業利益率	2.5%	1.2%	3.2%				2.5%	1.2%	0.1%
経常利益率	2.6%	1.3%	3.3%				2.6%	1.3%	0.2%

■本件のポイント

　×3期の売上債権と仕入債務の回転期間の長期化に着眼できるかどうか が最初のポイントである。また本事例は，売上の前倒し計上であり，期ず れによる不適切な売上計上ではあるものの売上取引と入金自体は実在する ため，単純な架空売上と比較して粉飾の特定が難しい。さらに，本事例は 売上高の前倒し計上にあわせて，外注費の前倒し計上も行われており，売 上総利益率の変化が生じていないことも粉飾特定が難しい要因の1つと なっている。

　ヒアリングでは売上債権と仕入債務の回転期間長期化は，期末日付近に おけるスポット売上発生によるものとの説明がなされているが，期末月の 前年同月比較において増加している売上高は継続収入として安定的な保守 点検売上であることが非常に不自然である。粉飾特定のポイントの1つに もなっているが，事業別の資料閲覧，ヒアリングを実施することも，異常 点把握の観点からは有効となることがある。その他，営業利益が黒字であ るにもかかわらず営業キャッシュ・フローが赤字であることなども全体を 通してみた場合に感じ取れる粉飾兆候の1つである。

■検討プロセス

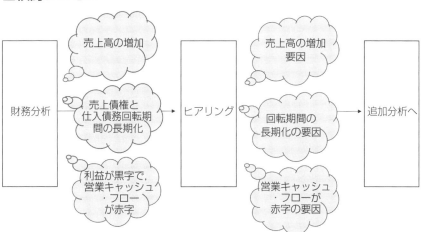

■買収価格への影響

　買収価格の算定方法には様々な方法があるが，仮に時価純資産に３年分の営業利益を加算する方法を前提とした場合における影響は以下のとおりとなる。

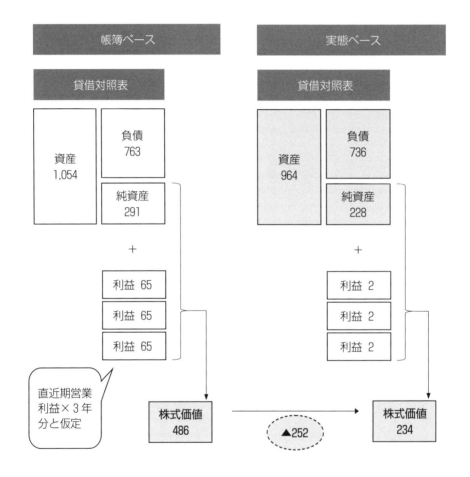

事例 7 ：外部保管在庫の架空計上

■事例概要

製造業において，外部保管在庫を架空で計上し，原価率を調整していた事例

■M&A打診の経緯

従業員の高齢化による後継者不足を背景としてM&Aを検討するに至った。

■事業および商流の概要

✓ 大手メーカーを受注先とした精密部品の製造
✓ 古くからの従業員のノウハウに頼っており，高齢化している
✓ 以前は見込生産を行っていたが，現在は受注生産としている

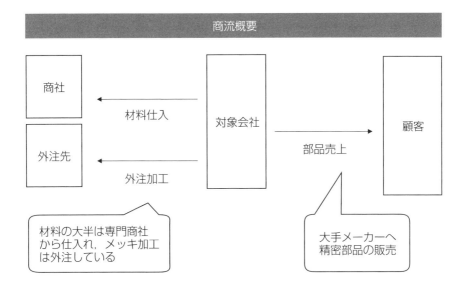

商流概要

商社 ← 材料仕入 ← 対象会社 → 部品売上 → 顧客
外注先 ← 外注加工 ←

材料の大半は専門商社から仕入れ，メッキ加工は外注している

大手メーカーへ精密部品の販売

■数値情報

【貸借対照表】

	×1期	×2期	×3期	構成比
現金預金	293	408	443	15%
売掛金	290	330	345	12%
棚卸資産	440	490	675	23%
その他流動資産	45	45	45	1%
建物	300	300	300	10%
土地	800	800	800	27%
その他固定資産	350	350	350	12%
資産合計	2,518	2,723	2,958	100%
買掛金	260	275	298	16%
未払金	50	50	50	3%
その他流動負債	25	25	25	1%
借入金	1,500	1,490	1,480	79%
その他固定負債	13	13	13	1%
負債合計	1,848	1,853	1,866	100%
純資産	670	870	1,092	
負債・純資産合計	2,518	2,723	2,958	

【回転期間】　　　　　　　　　（単位：カ月）

	×1期	×2期	×3期
売上債権※1	1.0	1.1	1.1
棚卸資産※2	2.2	2.4	3.2
仕入債務※3	1.3	1.3	1.4

※1　売上債権÷（年間売上高÷12カ月）
※2　棚卸資産÷（年間売上原価÷12カ月）
※3　仕入債務÷（売上原価÷12カ月）

×3期　資産構成比

×3期　負債構成比

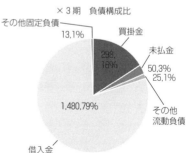

【損益計算書】

	×1期	×2期	×3期
売上高	3,500	3,600	3,750
売上原価	2,415	2,502	2,569
売上総利益	1,085	1,098	1,181
販売費及び一般管理費	750	770	820
営業利益	335	328	361
営業外収益	10	10	10
営業外費用	30	30	30
経常利益	315	308	342
特別利益	－	－	－
特別損失	－	－	－
税引前当期純利益	315	308	342
法人税等	110	108	120
当期純利益	205	200	222

減価償却費	30	30	30
償却前営業利益	365	358	391
償却前経常利益	345	338	372
償却前当期純利益	235	230	252

売上総利益率	31.0%	30.5%	31.5%
営業利益率	9.6%	9.1%	9.6%
経常利益率	9.0%	8.6%	9.1%

【キャッシュ・フロー計算書】

	×1期	×2期	×3期
営業CF	150	155	75
投資CF	▲30	▲30	▲30
財務CF	▲10	▲10	▲10
現預金増減	110	115	35
期首現預金	183	293	408
期末現預金	293	408	443

【×3期　月次貸借対照表】

	1月	2月	3月	4月	5月	6月	7月	8月	9月	10月	11月	12月
現金預金	424	428	448	464	491	534	582	543	572	589	633	443
売掛金	220	316	303	332	328	469	324	320	324	345	394	345
棚卸資産	490	490	490	490	490	490	490	490	490	490	490	675
その他流動資産	45	45	45	45	45	45	45	45	45	45	45	45
建物	300	300	300	300	300	300	300	300	300	300	300	300
土地	800	800	800	800	800	800	800	800	800	800	800	800
その他固定資産	350	348	345	343	340	338	335	333	330	328	325	350
資産合計	2,629	2,726	2,731	2,773	2,794	2,976	2,876	2,831	2,861	2,897	2,987	2,958
買掛金	190	270	260	280	280	400	280	270	280	290	340	298
未払金	50	50	50	50	50	50	50	50	50	50	50	50
その他流動負債	25	25	25	25	25	25	25	25	25	25	25	25
借入金	1,488	1,485	1,483	1,480	1,478	1,475	1,473	1,470	1,468	1,465	1,463	1,480
その他固定負債	13	13	13	13	13	13	13	13	13	13	13	13
負債合計	1,766	1,843	1,831	1,848	1,846	1,963	1,841	1,828	1,836	1,843	1,891	1,866
純資産	863	883	900	925	949	1,013	1,035	1,003	1,025	1,054	1,096	1,092
負債・純資産合計	2,629	2,726	2,731	2,773	2,794	2,976	2,876	2,831	2,861	2,897	2,987	2,958

【×3期　月次損益計算書】

	1月	2月	3月	4月	5月	6月	7月	8月	9月	10月	11月	12月
売上高	200	286	275	301	298	425	294	290	294	313	358	418
売上原価	137	196	188	206	204	291	201	199	201	214	245	286
売上総利益	63	90	87	95	94	134	93	91	93	98	113	132
販売費及び一般管理費	68	68	68	68	68	68	68	68	68	68	68	68
営業利益	▲5	22	18	27	25	66	24	23	24	30	44	63
営業外収益	1	1	1	1	1	1	1	1	1	1	1	1
営業外費用	2.5	2.5	2.5	2.5	2.5	2.5	2.5	2.5	2.5	2.5	2.5	2.5
経常利益	▲7	20	17	25	24	64	23	21	23	28	43	62
特別利益	–	–	–	–	–	–	–	–	–	–	–	–
特別損失	–	–	–	–	–	–	–	–	–	–	–	–
税引前当期純利益	▲7	20	17	25	24	64	23	21	23	28	43	62
法人税等	–	–	–	–	–	–	–	54	–	–	–	66
当期純利益	▲7	20	17	25	24	64	23	▲33	23	28	43	▲4

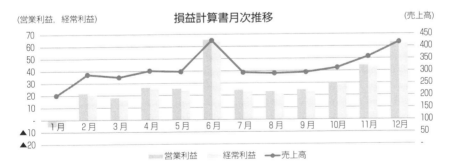

損益計算書月次推移

■着目した数値情報（粉飾決算に関連する部分のみを記載）

✓売上高は右肩上がりである

✓営業利益率は10%付近と高い水準を確保している

✓×3期に在庫が増加しており，回転期間も長期化している

■確認したいポイント（粉飾決算に関連する部分のみを記載）

✓売上高が上昇局面にある背景

✓高い営業利益率を確保できる背景

✓在庫の増加要因と在庫回転期間が長期化している要因

■ヒアリング例

> ×××××

> ×××××

> 売上高は右肩上がりですが，好調な背景を教えてください。

> 弊社は優良な大口顧客を抱えており，顧客の業績も好調で，受注は増加傾向です。

> なるほど。競合はいないのですか。

> 競合はいますが，弊社とは長い付き合いで，かつ価格競争力がありますので，なかなか切替は難しいでしょう。

> 営業利益率が10%付近と，高い水準を維持されていますね。

弊社の経営方針として営業利益率 9 ～10%
が必達目標でして，過去から当該水準を維
持できるよう経営努力を重ねています。

そのような高い営業利益率を維持できる企
業はそれほど多くないと思いますが，どの
ような施策によるものでしょうか。

外部環境は悪化傾向でありますが，弊社の
ノウハウや受注量増加による生産効率の改
善でなんとか維持できています。営業利益
率10%付近というのは私の信念でして，も
し下回ることがあるような場合は，私の役
員報酬や，社員のボーナスをカットしてで
も達成を試みますよ。

なるほど。貴社にとってはそれほど重要な
指標にされているのですね。ちなみに，外
部環境の悪化というのはどのようなもので
しょうか。

えーと，足元の金属仕入単価が上がってい
ますね。そのうち落ち着くでしょう。

売価の価格転嫁はできていますか。

売価は変わっていないです。その点は先ほ
ど申し上げた受注量増加による生産効率の
改善で吸収しています。

わかりました。次に在庫が増加しています
が，こちらの要因を教えてください。

近年のサプライチェーンが混乱しており，
不測の事態に備えて積み上げています。

仕入ルートはどのような方法をとっていますか。

基本的には大手の専門商社から仕入を行っています。

大手商社でも仕入に支障が出ることがあるのですね。

可能性としては高くないかもしれませんが，リスクマネジメントの一環として対応しています。

わかりました。ちなみに増えている在庫はどのようなものでしょうか。

たしか外注に預けているものが大半ですが，全般的に増えていると思いますよ。

外注先の在庫は何か確認できるものはありますか。実物確認はできないでしょうか。

外注先には詳細な資料は求めていませんので，あまりないかもしれません。外注先ですので，実物確認も少し難しいですね。

×××××

×××××

■ヒアリングから判明した事項

- ✓ 売上が好調の要因は，優良な大口顧客を抱えている点と価格競争力が他社よりも優れている点にあるという説明であった
- ✓ 営業利益率は，社長の信念として10%付近を必達としており，毎期それに向けて経営努力をしているとのこと
- ✓ 売価に大きな変動はないが，材料の金属単価は上昇傾向であるとのこと
- ✓ 直近の売上総利益率を維持できているのは，受注量が上がっているので，生産効率改善が要因とのこと
- ✓ 在庫増加は，足元のサプライチェーンの混乱もあり，過去よりも高い水準で在庫を積み上げているという説明であった

■追加的な対応

✓ 得意先別の売上を確認する

✓ 足元の金属単価がわかる資料を確認する

✓ 製品の販売数量がわかる資料を確認する

✓ 材料仕入数量の推移を確認する

✓ 在庫の実地棚卸明細を確認し，増減要因を把握する

など

■追加対応の結果判明した事項

✓ 得意先別の売上明細を前期と比較したところ，１社の得意先に売上が集中しており，その得意先に対する売上が増加傾向となっていた。

✓ 足元の金属単価を確認したところ右肩上がりで高止まりしていた。

✓ 販売数量を確認したところ，数量にするとそれほど前期との間に差がなく，金属仕入単価上昇を補うだけの生産量の増加が確認できなかった。

✓ 材料仕入数量の推移を確認したところ，直近３期で大きな変動がなく，在庫の積み上げを数値からは読み取れなかった。

✓ 在庫の実地棚卸表を確認したところ，一部の外注先保管の仕掛品が大幅に前期比で増加していた。

（さらに他の調査手続の結果，以下が判明）

✓ 大半の外注先は概ね在庫証明と詳細な在庫明細が存在していたが，在庫増加の要因になっている外注先はそれらの資料が存在せず，簡単な内訳明細のみであった。

✓ 当該外注先の直近の外注費発生状況を確認したところ，前期から大きな変動が見受けられず，預け在庫の大幅増加の説明がつかなかった。

✓ 追加ヒアリングの結果，増加要因となっている外注先保管の在庫証明が存在しており，当初受領した実地棚卸表とは異なる金額であった。

■粉飾の概要

✓ ×3期において架空の在庫が計上されていた。

✓ 実物確認の困難さや資料制約の理由付けとして，外注先の在庫を粉飾していた。

（在庫明細）

×2期　在庫明細

...	...
外注F社	30
外注T社	50
合計	490

×3期　在庫明細

...	...	
外注F社	35	
外注T社	210	
合計	675	
粉飾分	150	外注T社分

（外注費と材料仕入の状況）

外注費推移

	×1期	×2期	×3期
...	...	...	...
外注F社	48	50	51
外注T社	72	75	77
合計	242	250	257

> 外注費に大きな変動はない

材料仕入推移

	×1期	×2期	×3期
数量	48	51	50
単価	20	20	22
仕入額	966	1,021	1,102

> 材料仕入数量も大きな変動はなく，積み上げている形跡がない

■粉飾の目的

✓ 1つの大口得意先に売上が集中しており，受注は増加傾向であるものの，パワーバランスから材料単価の上昇について価格転嫁することができず，ボリュームと引き換えに足元の採算状況は悪化していた。

✓ M&Aを有利に進めることを目的とした足元の売上総利益率悪化の隠蔽と，社長が必達目標としている営業利益率の維持のため，架空在庫の粉飾に至った。

■実態貸借対照表

直近期である×3期において財務調整を考慮すると，簿価ベースでは1,092である純資産の調整後残高は942となった。

【×3期　貸借対照表】

	簿価	調整	調整後		簿価	調整	調整後
現金預金	443		443	買掛金	298	–	298
売掛金	345		345	未払金	50		50
棚卸資産	675	▲150	525	その他流動負債	25		25
その他流動資産	45		45	借入金	1,480		1,480
建物	300		300	その他固定負債	13		13
土地	800		800	負債合計	1,866	–	1,866
その他固定資産	350		350	純資産	1,092	▲150	942
資産合計	2,958	▲150	2,808	負債・純資産合計	2,958	▲150	2,808

■実態損益計算書3期推移

直近3期間における営業利益は簿価ベースで328から361であったところ，調整後では211から335となった。なお，税金への影響は未考慮としている。

【損益計算書】

	簿価			調整額			調整後		
	×1期	×2期	×3期	×1期	×2期	×3期	×1期	×2期	×3期
売上高	3,500	3,600	3,750	–	–	–	3,500	3,600	3,750
売上原価	2,415	2,502	2,569	–	–	150	2,415	2,502	2,719
売上総利益	1,085	1,098	1,181	–	–	▲150	1,085	1,098	1,031
販売費及び一般管理費	750	770	820	–	–	–	750	770	820
営業利益	335	328	361	–	–	▲150	335	328	211
営業外収益	10	10	10	–	–	–	10	10	10
営業外費用	30	30	30	–	–	–	30	30	30
経常利益	315	308	342	–	–	▲150	315	308	192
特別利益	–	–	–	–	–	–	–	–	–
特別損失	–	–	–	–	–	–	–	–	–
税引前当期純利益	315	308	342	–	–	▲150	315	308	192
法人税等	110	108	120	–	–	–	110	108	120
当期純利益	205	200	222	–	–	▲150	205	200	72
減価償却費	30	30	30	–	–	–	30	30	30
償却前営業利益	365	358	391	–	–	▲150	365	358	241
償却前経常利益	345	338	372	–	–	▲150	345	338	222
償却前当期純利益	235	230	252	–	–	▲150	235	230	102
売上総利益率	31.0%	30.5%	31.5%				31.0%	30.5%	27.5%
営業利益率	9.6%	9.1%	9.6%				9.6%	9.1%	5.6%
経常利益率	9.0%	8.6%	9.1%				9.0%	8.6%	5.1%

■本件のポイント

　直近の在庫増加と回転期間の長期化がまず重要なポイントである。また，本事例では外注先に保管されている在庫数値を利用した粉飾が行われており，実物確認が難しい外注先の在庫を利用している点が特徴的である。ヒアリングでは，在庫増加はサプライチェーン混乱下における意図的な積み上げとの説明になっているが，材料仕入数量の推移に大きな変動がなく，在庫積み上げとの関連性が見られない点が不自然である。その他，在庫が急増している外注先の外注費推移にも大きな変動がないこと，販売単価に大きな変動がなく材料単価が上昇しているにもかかわらず売上総利益率が低下していないこと，販売数量も大きな変化がなく足元の材料単価上昇を吸収できるほどの生産効率改善の説明がつく材料が見当たらないことも違和感がある部分である。なお，本事例における経営者は利益に対して強いこだわりがあり，このような状況も粉飾が行われやすい背景事情の1つであると考えられる。

■検討プロセス

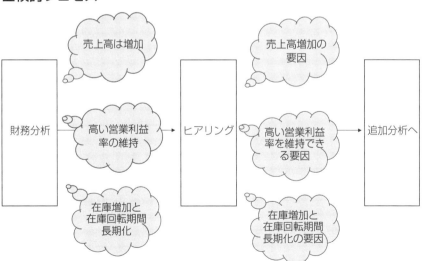

■買収価格への影響

買収価格の算定方法には様々な方法があるが，仮に時価純資産に3年分の営業利益を加算する方法を前提とした場合における影響は以下のとおりとなる。

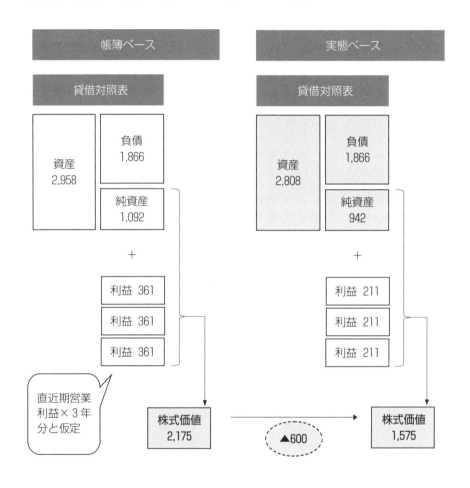

事例 8：未成工事支出金を利用した原価の繰延べ

■事例概要

インフラ系の公共工事を受注する建設業者において，未成工事支出金勘定を用いて工事代金が回収できない工事にかかる原価や，間接原価を繰り延べ，原価を圧縮することで利益を捻出して赤字を隠蔽していた事例

■M&A打診の経緯

業歴も長く安定的な受注があるものの，社長が高齢となり後継者がいないことから，事業承継の方策として第三者へのM&Aを検討するに至った。

■事業および商流の概要

✓ 道路や橋梁といったインフラ系の公共工事を主軸とする建設業者
✓ 官公庁（国，県，市町村）からの受注をメインに，安定的な受注がある
✓ 工期は 1 カ月〜 1 年程度の工事が大半
✓ 繁忙期等の人員不足対応のため，外注先も利用している

商流概要

鉄鋼業者等 ← 材料仕入 — 対象会社 — 大手ゼネコン → 官公庁	
外注先 ← 外注利用	→ 民間企業

繁忙期等の人手不足時期は外注を利用

大手ゼネコンの下請け受注も多い

官公庁からの受注がメインであるが，インフラ系の民間企業からの受注もあり

■数値情報

【貸借対照表】

	×1期	×2期	×3期	構成比
現金預金	200	145	114	13%
完成工事未収入金	100	110	100	12%
未成工事支出金	180	220	240	28%
その他流動資産	100	100	100	12%
建物	50	48	46	5%
土地	160	160	160	18%
その他固定資産	100	100	100	12%
資産合計	890	883	860	100%
工事未払金	100	90	90	12%
その他未払金	50	50	50	7%
その他流動負債	100	110	100	13%
借入金	500	480	460	61%
その他固定負債	50	50	50	7%
負債合計	800	780	750	100%
純資産	90	103	110	
負債・純資産合計	890	883	860	

【回転期間】 （単位：カ月）

	×1期	×2期	×3期
売上債権※1	2.1	2.2	2.1
棚卸資産※2	5.0	5.9	6.9
仕入債務※3	2.8	2.4	2.6

※1　売上債権（完成工事未収入金）÷（年間売上高÷12カ月）
※2　棚卸資産（未成工事支出金）÷（年間売上原価÷12カ月）
※3　仕入債務（工事未払金）÷（売上原価÷12カ月）

×3期　資産構成比

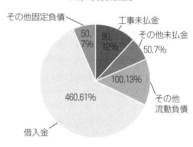

×3期　負債構成比

【損益計算書】

	×1期	×2期	×3期
売上高	580	600	560
売上原価	430	448	419
売上総利益	150	152	141
販売費及び一般管理費	125	124	123
営業利益	25	28	18
営業外収益	－	－	－
営業外費用	8	8	7
経常利益	17	20	11
特別利益	－	－	－
特別損失	－	－	－
税引前当期純利益	17	20	11
法人税等	6	7	4
当期純利益	11	13	7

減価償却費	15	12	12
償却前営業利益	40	40	30
償却前経常利益	32	32	23
償却前当期純利益	26	25	19

売上総利益率	25.9%	25.3%	25.2%
営業利益率	4.3%	4.7%	3.2%
経常利益率	2.9%	3.3%	2.0%

【キャッシュ・フロー計算書】

	×1期	×2期	×3期
営業CF	▲10	▲25	▲1
投資CF	▲10	▲10	▲10
財務CF	▲20	▲20	▲20
現預金増減	▲40	▲55	▲31
期首現預金	240	200	145
期末現預金	200	145	114

【×3期　月次貸借対照表】

	1月	2月	3月	4月	5月	6月	7月	8月	9月	10月	11月	12月
現金預金	165	156	140	137	148	143	148	134	135	155	153	114
完成工事未収入金	90	87	98	96	99	102	114	120	102	96	93	100
未成工事支出金	215	220	225	225	210	210	200	210	220	200	200	240
その他流動資産	100	100	100	100	100	100	100	100	100	100	100	100
建物	48	48	48	47	47	47	47	47	47	46	46	46
土地	160	160	160	160	160	160	160	160	160	160	160	160
その他固定資産	100	100	100	100	100	100	100	100	100	100	100	100
資産合計	878	871	871	865	865	862	869	871	863	857	852	860
工事未払金	91	91	94	93	95	95	99	101	95	93	93	90
その他未払金	50	50	50	50	50	50	50	50	50	50	50	50
その他流動負債	110	110	110	110	110	110	110	110	110	110	110	100
借入金	478	477	475	473	472	470	468	467	465	463	462	460
その他固定負債	50	50	50	50	50	50	50	50	50	50	50	50
負債合計	779	778	779	776	777	775	777	778	770	766	765	750
純資産	99	93	92	89	88	87	91	93	93	91	87	110
負債・純資産合計	878	871	871	865	865	862	869	871	863	857	852	860

【×3期　月次損益計算書】

	1月	2月	3月	4月	5月	6月	7月	8月	9月	10月	11月	12月
売上高	42	41	46	45	46	48	53	56	48	45	44	47
売上原価	36	35	37	36	37	37	39	39	37	36	36	13
売上総利益	6	6	9	8	10	10	15	17	10	8	8	34
販売費及び一般管理費	10	10	10	10	10	10	10	10	10	10	10	10
営業利益	▲4	▲5	▲1	▲2	▲1	0	4	6	0	▲2	▲3	24
営業外収益	-	-	-	-	-	-	-	-	-	-	-	-
営業外費用	1	1	1	1	1	1	1	1	1	1	1	1
経常利益	▲5	▲5	▲2	▲2	▲1	▲0	4	6	▲0	▲2	▲3	23
特別利益	-	-	-	-	-	-	-	-	-	-	-	-
特別損失	-	-	-	-	-	-	-	-	-	-	-	-
税引前当期純利益	▲5	▲5	▲2	▲2	▲1	▲0	4	6	▲0	▲2	▲3	23
法人税等	-	-	-	-	-	-	-	4	-	-	-	0
当期純利益	▲5	▲5	▲2	▲2	▲1	▲0	4	2	▲0	▲2	▲3	23

（営業利益，経常利益）　　損益計算書月次推移　　（売上高）

営業利益　　経常利益　　売上高

■着目した数値情報（粉飾決算に関連する部分のみを記載）

- ✓ 直近3期は毎期黒字を計上しているが，利益額は少額
- ✓ 直近3期において未成工事支出金は増加し，未成工事支出金の回転期間も長期化している
- ✓ 直近3期は営業キャッシュ・フローが赤字で現預金も減少している
- ✓ ×3期の12月に未成工事支出金が大幅に増加している
- ✓ ×3期の12月の売上原価が少額

■確認したいポイント（粉飾決算に関連する部分のみを記載）

- ✓ 工事の採算管理の方法（実行予算管理の状況）
- ✓ 工事の概要（1件当たりの受注金額や工期など）
- ✓ 直近3期の未成工事支出金の増加理由
- ✓ 営業キャッシュ・フローが赤字の理由
- ✓ ×3期の12月に未成工事支出金が増加し，売上原価が少額となっている理由

■ヒアリング例

× × × × ×

× × × × ×

直近3期の売上高は550～600程度で割と安定して推移していますが，工事の受注の波はありますか？

受注の多い時期や少ない時期はありますが，年間トータルで考えるとそれくらいの売上高で着地することが多いです。

1 件当たりの工事の受注金額はどの程度ですか。

工事内容によって大きく異なりますが，10〜100程度の工事が大半です。

工事進行中の実行予算管理はどのように行われていますか。

コストの発生状況の確認や，予算との比較は行っていません。納期厳守のため，期限内に工事を完成させることを最優先で考えています。

受注額をコストが上回るような赤字工事もありますか。

毎年何件かはありますが，正確には把握していません。

資産勘定のうち未成工事支出金の金額が大きいですが，決算期をまたぐような仕掛工事は多いですか。

工期が 1 カ月〜 1 年程度と比較的長いので，何件かは決算期をまたぎます。

直近 3 期での売上高に大きな変動はない一方で，未成工事支出金が増加し，回転期間も上昇している要因を教えてください。

発注元の都合で長期化している工事がいくつかあるため，未成工事支出金が増加しています。来期には工事が完了する見込みです。

月次推移表を拝見すると，×3期の12月に未成工事支出金が増加し，売上原価は少額となっていますが，要因を教えてください。

細かい経理処理はわからないので，経理に聞いてみてください。

わかりました。ところで、直近3期の営業キャッシュ・フローは赤字が続いているようですが、資金繰りはどうですか。

先ほどお話しした長期化している工事の影響が大きいです。支出が先に出るので資金を回収するまでの資金繰りは厳しいですね。

×××××

×××××

■ヒアリングから判明した事項

✓比較的毎期，安定した受注がある
✓実行予算管理体制は脆弱であり，納期を最優先した対応が行われている
✓赤字工事も発生しているようであるが，明確な回答は得られなかった
✓工期は1カ月〜1年程度
✓直近3期における未成工事支出金の増加は，発注元の都合での工事長期化が要因
✓×3期12月の未成工事支出金の増加，売上原価の減少については明確な回答が得られなかった

■追加的な対応

✓ 直近 3 期の工事台帳（工事ごとの工事内容，受注時期，完成時期，受注金額，原価がわかる資料）の確認

✓ 直近 3 期の未成工事支出金台帳（未成工事支出金の内訳，工事内容，受注時期，原価がわかる資料）の確認

■追加対応の結果判明した事項

✓ 工事台帳を確認したところ，毎期，赤字工事が数件発生しており，利益率の低い工事も散見された。

✓ 未成工事支出金台帳を確認したところ，Ａ工事・Ｂ工事の工事開始時期はいずれも10年以上前であり，直近 3 期は残高の動きがなかった。

✓ 未成工事支出金のうち，工事名が「間接原価」（工事コード：9999999）については直近 3 期においては毎期増加している。

（追加ヒアリングの結果，以下が判明）

✓ Ａ工事・Ｂ工事は10年以上前の工事であるが，受注元が倒産し，工事代金の回収が見込めない工事であることが判明した。

✓ 工事名が「間接原価」（工事コード：9999999）とされるものは，本来は発生時に費用処理されるべき特定の工事に紐づかない労務費や経費等が計上され，原価が繰り延べられていることが判明した。

■粉飾の概要

> ✓ 工事代金の回収が見込めないＡ工事・Ｂ工事に係る未成工事支出金が計上され続け，原価として処理されていなかった。
> ✓ 未成工事支出金（間接原価 工事コード：9999999）を用いて労務費や経費等の原価を繰り延べ，赤字決算を回避していた。

×3期　工事台帳

工事コード	着工日	竣工引渡日	工事名	受注元	受注金額	材料費	外注費	直接労務費	間接労務費	間接経費	工事原価	工事利益	工事利益率
…	…	…	…	…	…	…	…	…	…	…	…	…	…
2020023	××××	××××	C工事	c社	15	3	–	3	2	2	10	5	33.3%
2021202	××××	××××	D工事	d市	30	10	12	5	3	3	33	▲3	-10.0%
2021235	××××	××××	E工事	e県	50	15	5	15	5	5	45	5	10.0%
…	…	…	…	…	…	…	…	…	…	…	…	…	…

×3期　未成工事支出金台帳

工事コード	着工日	竣工予定日	工事名	受注元	受注金額	材料費	外注費	直接労務費	間接労務費	間接経費	未成工事支出金
…	…	…	…	…	…	…	…	…	…	…	…
2000012	××××	××××	A工事	a社	20	2	1	5	1	1	10
2000202	××××	××××	B工事	a社	25	5	–	3	1	1	10
9999999	××××	××××	間接原価	X	–	–	–	–	50	70	120
…	…	…	…	…	…	…	…	…	…	…	…

未成工事支出金の推移

	×1期	×2期	×3期	備考
A工事	20	20	20	工事開始時期は10年以上前
B工事	10	10	10	工事開始時期は10年以上前
間接原価	50	80	120	毎期の決算調整で増加している（工事コード9999999）
その他	100	110	90	工事開始時期はすべて直近3年以内
合計	180	220	240	

■粉飾の目的

> ✓ 当社は主に，道路や橋梁といった公共工事を受注し，インフラ設備の製造や施工，修繕を行う建設業者であるが，公共工事の縮小の煽りを受け，近年は業績が悪化し赤字経営が続いていた。
> ✓ 赤字計上による①対外的な経営指標（経営事項審査）等の点数悪化による工事受注の減少，②金融機関からの融資引上げをおそれ，粉飾を行うようになった。

■実態貸借対照表

　直近期である×3期において財務調整を考慮すると，簿価ベースでは110である純資産の調整後残高は▲40となった。

【×3期　貸借対照表】

	簿価	調整	調整後		簿価	調整	調整後
現金預金	114		114	工事未払金	90		90
完成工事未収入金	100		100	その他未払金	50		50
未成工事支出金	240	▲150	90	その他流動負債	100		100
その他流動資産	100		100	借入金	460		460
建物	46		46	その他固定負債	50		50
土地	160		160	負債合計	750	-	750
その他固定資産	100		100	純資産	110	▲150	▲40
資産合計	860	▲150	710	負債・純資産合計	860	▲150	710

■実態損益計算書3期推移

　直近3期間における営業利益は簿価ベースで18から28であったところ，調整後では▲22から▲2となった。なお，税金への影響は未考慮としている。

【損益計算書】

	簿価			調整額			調整後		
	×1期	×2期	×3期	×1期	×2期	×3期	×1期	×2期	×3期
売上高	580	600	560			-	580	600	560
売上原価	430	448	419	30	30	40	460	478	459
売上総利益	150	152	141	▲30	▲30	▲40	120	122	101
販売費及び一般管理費	125	124	123				125	124	123
営業利益	25	28	18	▲30	▲30	▲40	▲5	▲2	▲22
営業外収益	-	-	-				-	-	-
営業外費用	8	8	7				8	8	7
経常利益	17	20	11	▲30	▲30	▲40	▲13	▲10	▲29
特別利益	-	-	-				-	-	-
特別損失	-	-	-				-	-	-
税引前当期純利益	17	20	11	▲30	▲30	▲40	▲13	▲10	▲29
法人税等	6	7	4				6	7	4
当期純利益	11	13	7	▲30	▲30	▲40	▲19	▲17	▲33

減価償却費	15	12	12	-	-	-	15	12	12
償却前営業利益	40	40	30	▲30	▲30	▲40	10	10	▲10
償却前経常利益	32	32	23	▲30	▲30	▲40	2	2	▲17
償却前当期純利益	26	25	19	▲30	▲30	▲40	▲4	▲5	▲21

売上総利益率	25.9%	25.3%	25.2%				20.7%	20.3%	18.0%
営業利益率	4.3%	4.7%	3.2%				-0.9%	-0.3%	-3.9%
経常利益率	2.9%	3.3%	2.0%				-2.2%	-1.7%	-5.2%

■本件のポイント

　本件では建設業特有の科目である未成工事支出金を用いて粉飾が行われていた。未成工事支出金の性質や内容への理解があることで，未成工事支出金の回転期間分析や月次の残高推移，月次損益の確認といった初期的分析から数字に違和感を覚え，粉飾発覚のきっかけとなっている点がポイントである。対象会社が属する業界特有の会計処理や，その業界の実務慣行，事業上のポイントを理解した上で財務数値を見ることで，数値の背景や数値が表す意味をより立体的に把握することができるため，ある程度の業界知識を有して数値を見ることが重要である。

　また，本件では「工事コード：9999999」という通常は使用されないようなコードを用いて粉飾が行われていた。粉飾が行われる際には，通常の取引と区分するためにダミーとなる番号を使用したり，何らかの特徴的な名称等が用いられることも多く，管理資料等を見るときにはそのような「異常」な項目を見落とさないことも大事なポイントである。

■検討プロセス

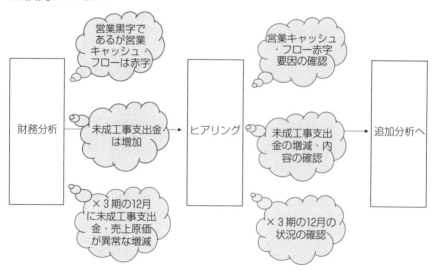

■買収価格への影響

　買収価格の算定方法には様々な方法があるが，仮に時価純資産に3年分の営業利益を加算する方法を前提とした場合における影響は以下のとおりとなる。

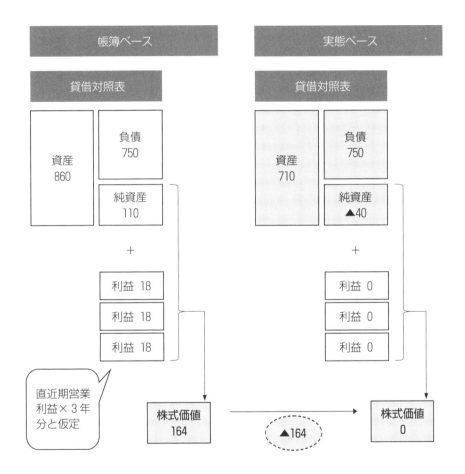

事例9：グループ会社を利用した人件費の付け替え

■事例概要

ソフトウェア開発を営む会社において，グループ会社を利用した人件費の付け替えにより人件費を過少に計上していた事例

■M&A打診の経緯

グループ会社で営む別事業に注力するため，ソフトウェア開発を営む当社の売却に至った。

■事業および商流の概要

✓ソフトウェア開発を営み，顧客はインフラ系の大手企業が多い。

✓エンジニアはグループ会社に在籍しており，当社への出向という形式で当社業務を行っている（当社はグループ会社に出向負担金を支払う）。

✓グループ会社は当社の株式を100%保有している（当社はグループ会社の100%子会社）。

✓受注件数の波が大きく，売上高は不安定。

商流概要

■数値情報

【貸借対照表】

	×1期	×2期	×3期	構成比
現金預金	185	195	201	62%
売掛金	90	100	70	21%
その他流動資産	10	10	10	3%
建物	ー	ー	ー	0%
器具及び備品	50	43	37	11%
土地	ー	ー	ー	0%
その他固定資産	10	10	10	3%
資産合計	345	358	328	100%
買掛金	15	20	12	5%
未払金	50	55	40	15%
その他流動負債	30	30	30	11%
借入金	200	180	160	61%
その他固定負債	20	20	20	8%
負債合計	315	305	262	100%
純資産	30	53	66	
負債・純資産合計	345	358	328	

【回転期間】　　　　　　　　　（単位：カ月）

	×1期	×2期	×3期
売上債権※1	1.8	1.8	1.5
仕入債務※2	0.4	0.5	0.4

※1　売上債権÷（年間売上高÷12カ月）
※2　仕入債務÷（売上原価÷12カ月）

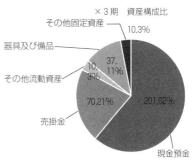

×3期　資産構成比

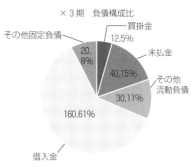

×3期　負債構成比

【損益計算書】

	×1期	×2期	×3期
売上高	600	650	550
売上原価	438	472	387
売上総利益	162	178	163
販売費及び一般管理費	150	150	150
営業利益	12	28	13
営業外収益	10	10	10
営業外費用	3	3	2
経常利益	19	35	21
特別利益	ー	ー	ー
特別損失	ー	ー	ー
税引前当期純利益	19	35	21
法人税等	7	12	7
当期純利益	12	23	14

減価償却費	8	7	6
償却前営業利益	20	35	19
償却前経常利益	27	42	27
償却前当期純利益	20	30	20

売上総利益率	27.0%	27.4%	29.6%
営業利益率	2.0%	4.3%	2.4%
経常利益率	3.2%	5.4%	3.8%

【キャッシュ・フロー計算書】

	×1期	×2期	×3期
営業CF	30	30	27
投資CF	ー	ー	ー
財務CF	▲20	▲20	▲20
現預金増減	10	10	7
期首現預金	175	185	195
期末現預金	185	195	201

【×3期　月次貸借対照表】

	1月	2月	3月	4月	5月	6月	7月	8月	9月	10月	11月	12月
現金預金	204	187	177	236	207	196	209	196	185	174	195	201
売掛金	79	99	128	49	79	89	69	69	79	89	69	70
その他流動資産	10	10	10	10	10	10	10	10	10	10	10	10
建物	-	-	-	-	-	-	-	-	-	-	-	-
器具及び備品	43	42	42	41	41	40	40	39	39	38	38	37
土地	-	-	-	-	-	-	-	-	-	-	-	-
その他固定資産	10	10	10	10	10	10	10	10	10	10	10	10
資産合計	345	348	367	346	346	345	337	324	323	321	322	328
買掛金	10	10	11	10	11	10	10	10	10	11	12	12
未払金	55	51	52	51	53	50	50	52	54	41	42	40
その他流動負債	30	30	30	30	30	30	30	30	30	30	30	30
借入金	178	177	175	173	172	170	168	167	165	163	162	160
その他固定負債	20	20	20	20	20	20	20	20	20	20	20	20
負債合計	293	288	288	284	286	280	278	279	279	265	266	262
純資産	52	60	79	61	61	65	59	45	44	55	56	66
負債・純資産合計	345	348	367	346	346	345	337	324	323	321	322	328

【×3期　月次損益計算書】

	1月	2月	3月	4月	5月	6月	7月	8月	9月	10月	11月	12月
売上高	44	55	72	28	44	50	39	39	44	50	39	49
売上原価	33	35	41	33	33	33	33	34	34	26	26	26
売上総利益	11	20	31	▲6	11	17	6	5	10	24	13	23
販売費及び一般管理費	13	13	13	13	13	13	13	13	13	13	13	13
営業利益	▲2	8	18	▲18	▲2	4	▲7	▲8	▲3	11	-	11
営業外収益	1	1	1	1	1	1	1	1	1	1	1	1
営業外費用	0	0	0	0	0	0	0	0	0	0	0	0
経常利益	▲1	8	19	▲17	▲1	5	▲6	▲7	▲2	12	1	12
特別利益	-	-	-	-	-	-	-	-	-	-	-	-
特別損失	-	-	-	-	-	-	-	-	-	-	-	-
税引前当期純利益	▲1	8	19	▲17	▲1	5	▲6	▲7	▲2	12	1	12
法人税等	-	-	-	-	-	-	-	-	6	-	-	1
当期純利益	▲1	8	19	▲17	▲1	5	▲6	▲13	▲2	12	1	10

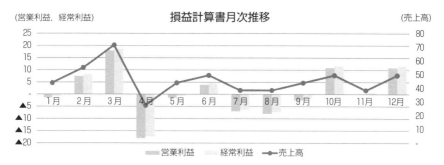

損益計算書月次推移

■着目した数値情報（粉飾決算に関連する部分のみを記載）

✓直近3期での売上高の変動は大きく，×3期は売上高が落ち込んでいる

✓×3期は直近3期で売上高は一番小さい反面，売上総利益率は高い

✓労働集約型で労務費等の固定費負担が大きいと推測されるが，売上高減少局面でも一定の営業利益が確保されている

✓×3期の月次損益計算書において，直近3カ月の売上原価は少額で推移

✓×3期は未払金が少額

■確認したいポイント（粉飾決算に関連する部分のみを記載）

✓売上高の変動要因

✓×3期の売上総利益率が高い理由

✓×3期の直近3カ月の売上原価が少額である理由

✓×3期の未払金が少額な理由

✓出向負担金の算定方法

✓繁忙期・閑散期の人員の調整方法

■ヒアリング例

×××××

×××××

売上高の変動が大きいようですが，何か要因があるのでしょうか。

ソフトウェア開発はスポット的な仕事が大半なため，案件受注の波はありますね。

受注が少ない時は暇になって時間を持て余すようなこともありますか？

案件が少ない時は新規取引先の開拓や既存取引先への営業をかけるので暇になることはないですね。

受注が重なる等，繁忙期の人員の手当てはどうされていますか？

残業で対応するか，グループ会社に在籍するエンジニアの出向者を増やしてもらって対応します。

グループ内で人材のやりくりができるのはいいですね。エンジニアは出向者が多いですか？

8割は出向者ですね。出向元でも似たような仕事をしているので出向者の技術力は高くて助かります。

出向負担金はどのように算定されるのですか？

基本的には，グループ会社がエンジニアに支払う給料に20％を上乗せした金額を支払っています。

出向の期間はどれくらいですか？

3カ月〜5年を超えるエンジニアまで様々です。グループ会社からの出向なので柔軟に対応してもらっています。

話は変わりますが，×3期は売上高は下がっている一方，売上総利益率は直近3期で一番高い要因は何でしょうか？

×3期は採算のいい仕事が多かったからだと思います。

そうなんですね，採算のいい仕事は取引先の業種など，何か特徴があるんですか？

特に特徴があるというわけではないんですが，結果的に工数がかからなかったというのが多いですかね……。

×3期の期末直前の3カ月は売上原価が少額な理由は何でしょうか？

その時期に何名か出向元に戻って出向負担金が減ったんです。

出向者が減っても人繰りは問題ないのでしょうか？

たしかちょうどその時期に採算のいい手間のかからない仕事が多かったので何とかなりました。またエンジニアを増やさないといけないですね。

×3期の未払金が少ないのもそれが理由でしょうか？

そうです，出向負担金は未払金で毎月計上しています。

×××××

×××××

■ヒアリングから判明した事項

- ✓ スポット的な仕事が大半であり売上高の波は大きい
- ✓ 大型案件の受注時には残業やグループ会社からの出向者増員で対応している
- ✓ 出向負担金は出向元が支払う給料に20%上乗せした金額を支払う
- ✓ 出向期間は3カ月〜5年と，短い期間での対応もある
- ✓ ×3期の売上総利益率が高い理由について，採算がよい案件の特徴（取引先名や業種等）についての具体的な説明はなかった
- ✓ ×3期の期末付近3カ月の売上原価の減少要因は出向負担金の減少である
- ✓ 出向負担金の減少は出向人員の減少によるものである
- ✓ ×3期の未払金の減少は出向負担金の減少によるものである

■追加的な対応

- ✓ 直近3期の案件ごとの採算管理資料の確認
- ✓ ×3期の月次の人員推移（出向者含む）資料の確認
- ✓ ×3期のグループ会社からの出向負担金に関する請求資料・計算資料を確認

■追加対応の結果判明した事項

- ✓ ×3期末の毎月末時点の人員を確認すると，×3期における出向者の増減はなく，期末直前の3カ月において出向元に戻った出向者はいなかった。
- ✓ グループ会社からの出向負担金に関する請求書を確認したところ，「負担割合」の欄が設けられており，負担割合に応じた金額が当社に請求されていた。
- ✓ 期末直前の3カ月においては一部の出向者の「負担割合」は50%とされており，実労働に対して当社への請求額が少ないことが判明した。

■粉飾の概要

✓ ×3年10月から12月にかけて，出向負担金の負担額を減らすことで人件費を過少計上し，赤字決算を回避していた。

✓ 具体的には，一部の出向者について出向負担割合を50％として計算しており，本来負担すべき出向負担金について出向元であるグループ会社より請求がなされていなかった。

出向負担金計算書（×3年9月）
（単位：円）

		①	②＝①×1.2	③	④＝②×③
出向者		支給額	出向負担金基礎 （支給額×1.2）	出向 負担割合	出向 負担金
A		290,000	348,000	100%	348,000
B		320,000	384,000	100%	384,000
C		280,000	336,000	100%	336,000
D		470,000	564,000	100%	564,000
E		420,000	504,000	100%	504,000
F		330,000	396,000	100%	396,000
G		510,000	612,000	100%	612,000
H		460,000	552,000	100%	552,000
I		300,000	360,000	100%	360,000
…		…	…	…	…
…		…	…	…	…
…		…	…	…	…

出向負担金計算書（×3年12月）
（単位：円）

	①	②＝①×1.2	③	④＝②×③
出向者	支給額	出向負担金基礎 （支給額×1.2）	出向負担 割合	出向負担金
A	280,000	336,000	100%	336,000
B	330,000	396,000	100%	396,000
C	300,000	360,000	50%	180,000
D	450,000	540,000	100%	540,000
E	400,000	480,000	100%	480,000
F	350,000	420,000	50%	210,000
G	500,000	600,000	50%	300,000
H	450,000	540,000	100%	540,000
I	320,000	384,000	50%	192,000
…	…	…	…	…
…	…	…	…	…
…	…	…	…	…

出向負担金の計算にあたり，×3年1月～9月までは出向者全員の出向負担割合が100％であったのに対し，10月～12月は一部の出向者の出向負担割合が50％として計算されている。

出向負担金

		10月	11月	12月	10月～12月 合計
①	会計上の金額（実際の請求額）	13	13	13	39
②	本来負担すべき金額（※）	21	20	21	62
③＝②－①	差額	8	7	8	23

（※）出向負担割合50％として計算される出向者は，実際には当社業務に100％従事していることから，出向負担割合を100％として計算し，本来負担すべき金額を算定している。

■粉飾の目的

✓ 大手取引先には決算書を提示しており，赤字決算による信用力低下をおそれて粉飾処理を行った。

✓ 出向負担金を利用したグループ間での損益調整を主たる目的として，当社設立と同時期に出向元であるグループ会社が設立された。

✓ グループ会社で始めた別事業の業績が好調であり，出向負担金を調整することでのグループ全体での税負担削減も粉飾目的の１つであった。

■実態貸借対照表

　本事例では，グループ間取引を利用した損益調整が主目的であるが，グループ会社からの追加的な出向負担金の請求等は予想されていないため，純資産残高の調整はない。

【×3期　貸借対照表】

	簿価	調整	調整後		簿価	調整	調整後
現金預金	201		201	買掛金	12		12
売掛金	70		70	未払金	40		40
その他流動資産	10		10	その他流動負債	30		30
建物	–		–	借入金	160		160
器具及び備品	37		37	その他固定負債	20		20
土地	–		–	負債合計	262	–	262
その他固定資産	10		10	純資産	66	–	66
資産合計	328	–	328	負債・純資産合計	328	–	328

■実態損益計算書3期推移

　実態としての収益力把握の観点から，×3期において実労働に即した本来負担すべき出向負担金額と，実際の請求額との差額を調整したところ，直近3期間における営業利益は簿価ベースで12から28であったところ，調整後では▲10から28となった。なお，税金への影響は未考慮としている。

【損益計算書】

	簿価 ×1期	×2期	×3期	調整額 ×1期	×2期	×3期	調整後 ×1期	×2期	×3期
売上高	600	650	550	–	–	–	600	650	550
売上原価	438	472	387	–	–	23	438	472	410
売上総利益	162	178	163	–	–	▲23	162	178	140
販売費及び一般管理費	150	150	150	–	–	–	150	150	150
営業利益	12	28	13	–	–	▲23	12	28	▲10
経常利益	19	35	21	–	–	▲23	19	35	▲2
当期純利益	12	23	14	–	–	▲23	12	23	▲9
減価償却費	8	7	6	–	–	–	8	7	6
償却前営業利益	20	35	19	–	–	▲23	20	35	▲4
償却前経常利益	27	42	27	–	–	▲23	27	42	4
償却前当期純利益	20	30	20	–	–	▲23	20	30	▲3
売上総利益率	27.0%	27.4%	29.6%				27.0%	27.4%	25.5%
営業利益率	2.0%	4.3%	2.4%				2.0%	4.3%	-1.8%
経常利益率	3.2%	5.4%	3.8%				3.2%	5.4%	-0.4%

■本件のポイント

ソフトウェア開発という労働集約型のビジネスにおいて，人員の大半をグループ会社からの出向人員で対応しているという特殊性と，売上増減が大きいにもかかわらず毎期一定の利益を計上していることに違和感を持てるかどうかという点が最初のポイントである。

さらに，×3期の期末直前3カ月の売上原価（出向負担金）の減少が利益要因である点に着目し，追加的な手続として出向人員の推移や負担金に関する資料確認を行うことで最終的に粉飾が明らかになっている。

グループ会社がある場合には，グループ間取引において恣意的な取引条件の変更・価格調整等によりグループ間の利益調整が行われることがあるため，対象会社とグループ会社の一体性やグループ会社の設立経緯，グループ内における事業上の位置づけ等に着目することが重要である。また，グループ間取引は，あくまで別法人との取引であり，個別取引として実在していれば，外形的には粉飾と断定しきれないことも多い。取引条件や取引金額の異常性に注目し，根拠資料の査閲やグループ会社自体の業績状況の確認などが必要となることもある。

■検討プロセス

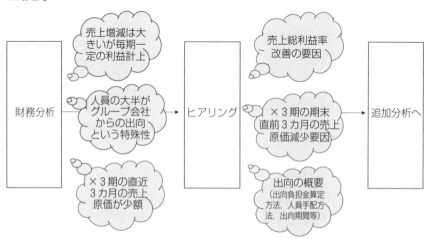

■買収価格への影響

　買収価格の算定方法には様々な方法があるが，仮に時価純資産に３年分の営業利益を加算する方法を前提とした場合における影響は以下のとおりとなる。

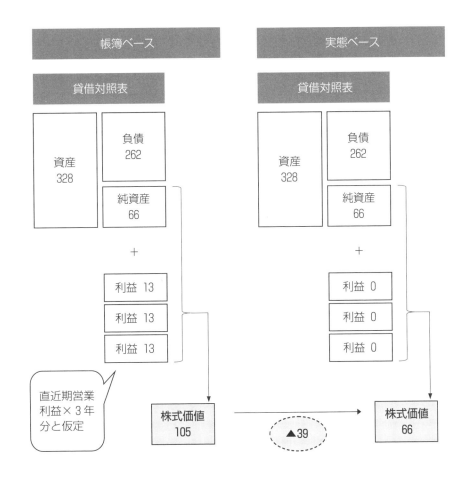

事例10：架空現金を利用した売上原価（仕入高）の過少計上

■事例概要

食品卸売業を営む会社において，仕入先への支払の一部を仕入高ではなく現金勘定にて処理することで架空現金を計上し，売上原価（仕入高）を過少計上していた事例

■M&A打診の経緯

主たる卸先であるスーパーの減少による業績悪化を理由として，大手企業へのM&Aを検討するに至った。

■事業および商流の概要

✓ 家庭用食品や業務用食品といった食料品を中心とする卸売業を営む
✓ 家庭用食品が全体の7割を占め，業務用食品は3割程度
✓ 家庭用食品の得意先は近隣のスーパーが中心，業務用食品は学校給食や介護施設が中心
✓ 食品仕入力を生かし，飲食事業の展開を検討している

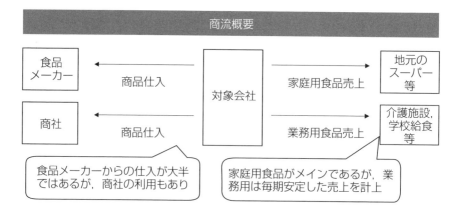

商流概要

■数値情報

【貸借対照表】

	×1期	×2期	×3期	構成比
現金預金	50	39	32	8%
売掛金	80	82	75	19%
棚卸資産	105	100	98	24%
その他流動資産	10	10	10	3%
建物	100	97	94	23%
土地	60	60	60	15%
その他固定資産	40	35	31	8%
資産合計	445	423	400	100%
買掛金	60	55	50	14%
未払金	20	20	20	5%
その他流動負債	10	10	10	3%
借入金	320	300	280	78%
負債合計	410	385	360	100%
純資産	35	38	40	
負債・純資産合計	445	423	400	

【回転期間】　　　　　　　　　　（単位：カ月）

	×1期	×2期	×3期
売上債権※1	1.2	1.3	1.3
棚卸資産※2	2.0	2.0	2.1
仕入債務※3	1.1	1.1	1.1

※1　売上債権÷（年間売上高÷12カ月）
※2　棚卸資産÷（年間売上原価÷12カ月）
※3　仕入債務÷（売上原価÷12カ月）

×3期　資産構成比

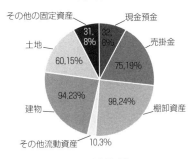

【損益計算書】

	×1期	×2期	×3期
売上高	800	760	700
売上原価	640	605	550
売上総利益	160	155	150
販売費及び一般管理費	145	145	140
営業利益	15	10	10
営業外収益	−	−	−
営業外費用	7	5	7
経常利益	8	5	3
特別利益	−	−	−
特別損失	−	−	−
税引前当期純利益	8	5	3
法人税等	3	2	1
当期純利益	5	3	2

減価償却費	10	13	12
償却前営業利益	25	23	22
償却前経常利益	18	18	15
償却前当期純利益	15	16	14

売上総利益率	20.0%	20.4%	21.4%
営業利益率	1.9%	1.3%	1.4%
経常利益率	1.0%	0.7%	0.4%

×3期　負債構成比

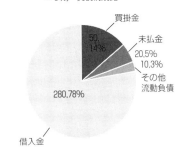

【キャッシュ・フロー計算書】

	×1期	×2期	×3期
営業CF	25	14	18
投資CF	▲10	▲5	▲5
財務CF	▲20	▲20	▲20
現預金増減	▲5	▲11	▲7
期首現預金	55	50	39
期末現預金	50	39	32

【×3期　月次貸借対照表】

	1月	2月	3月	4月	5月	6月	7月	8月	9月	10月	11月	12月
現金預金	37	36	40	13	13	17	38	33	28	42	43	32
売掛金	72	76	73	85	85	83	73	70	76	67	63	75
棚卸資産	95	101	98	113	113	111	98	93	101	85	77	98
その他流動資産	10	10	10	10	10	10	10	10	10	10	10	10
建物	97	96	96	96	95	95	95	94	94	94	93	94
土地	60	60	60	60	60	60	60	60	60	60	60	60
その他固定資産	35	34	34	34	33	33	33	32	32	32	31	31
資産合計	406	414	411	410	410	409	407	393	401	389	378	400
買掛金	40	50	50	50	50	50	50	40	50	40	30	50
未払金	20	20	20	20	20	20	20	20	20	20	20	20
その他流動負債	10	10	10	10	10	10	10	10	10	10	10	10
借入金	298	297	295	293	292	290	288	287	285	283	282	280
負債合計	368	377	375	373	372	370	368	357	365	353	342	360
純資産	37	37	36	37	38	39	38	36	36	36	36	40
負債・純資産合計	406	414	411	410	410	409	407	393	401	389	378	400

【×3期　月次損益計算書】

	1月	2月	3月	4月	5月	6月	7月	8月	9月	10月	11月	12月
売上高	56	60	57	67	67	65	57	55	60	53	49	56
売上原価	45	48	46	53	53	52	46	44	48	40	36	40
売上総利益	11	12	11	13	13	13	11	11	12	13	13	16
販売費及び一般管理費	12	12	12	12	12	12	12	12	12	12	12	12
営業利益	▲0	0	▲0	2	2	1	▲0	▲1	0	1	1	5
営業外収益	-	-	-	-	-	-	-	-	-	-	-	-
営業外費用	0.6	0.6	0.6	0.6	0.6	0.6	0.6	0.6	0.6	0.6	0.6	0.6
経常利益	▲1	▲0	▲1	1	1	1	▲1	▲1	▲0	0	1	4
特別利益	-	-	-	-	-	-	-	-	-	-	-	-
特別損失	-	-	-	-	-	-	-	-	-	-	-	-
税引前当期純利益	▲1	▲0	▲1	1	1	1	▲1	▲1	▲0	0	1	4
法人税等	-	-	-	-	-	-	-	1	-	-	-	0
当期純利益	▲1	▲0	▲1	1	1	1	▲1	▲2	▲0	0	1	4

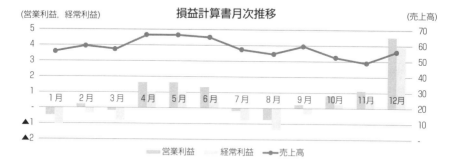

■着目した数値情報（粉飾決算に関連する部分のみを記載）

✓ 売上高が減少傾向にある

✓ 現預金は直近 3 期毎期減少している

✓ × 3 期の売上総利益率が上昇している

✓ × 3 期の10月〜12月は売上高が減少しているが利益は増加している

■確認したいポイント（粉飾決算に関連する部分のみを記載）

✓ 売上高の減少傾向の要因

✓ × 3 期の10月〜12月の利益増加理由

✓ 現預金の状況

■ヒアリング例

> ×××××

> ×××××

> 直近 3 期は売上高が減少しているようですが，売上高減少の要因は何かありますか？

> 取引先であるスーパーが毎年何店舗か閉店しているのが一番の要因ですね。

> 売上高は減少していますが営業利益は10〜15で推移していますね。× 3 期の売上総利益率が高い理由は何かありますか？

> 原価も人件費も燃料費も高騰していて厳しいので，いくつかの取引先には値上げに応じてもらえたことが要因です。

いつ頃から，どの程度の値上げを実施されたのでしょうか？

値上げの時期はバラバラです。値上げの幅も取引先によって違うのでなんとも言えません。

×3期の10月〜12月は特に売上総利益率が高いですが，これも値上げが理由でしょうか？

この時期は特に安く仕入れることができたのが要因かと思います。

安く仕入れることができたのは家庭用でしょうか，それとも業務用でしょうか？

年末に向けて忙しくしていたので，あまり覚えていないですね。

取り扱う商品も多いので仕入も大変ですね。現金預金は多少減少傾向にあるようですが資金繰りはいかがですか？

今のところは資金繰りに問題はありません。もう少し資金に余裕があれば新しいことにもチャレンジしたいのですが……。

具体的にはどのようなことを検討されているのでしょうか？

食品卸売りだけでは厳しいので，食品仕入力を生かして飲食事業にチャレンジしたいと思っています。

> ただ，数字を見る限りではそこまで資金に余裕がないようにも見えませんが，売掛金や買掛金の決済条件が厳しいのでしょうか？

> 特に条件が厳しいということはありません。相手先にもよりますが，回収も支払も月末締めの翌月末支払が多いですね。

> 資金繰りはどなたが管理されているのでしょうか？

> 万が一のこともありますし，資金繰りは私が管理しています。

> ×××××

> ×××××

■ヒアリングから判明した事項

✓ 売上高減少の主要因はスーパーの閉店

✓ ×3期の売上総利益率の上昇は値上げが要因とのことであるが，1月～9月の売上総利益率は前年度と同程度の水準

✓ ×3期の10月～12月における売上総利益率の上昇要因は，安値での仕入

✓ 決算書や月次試算表を見る限りでは，現金預金にある程度の余裕があるように思われ，売掛金や買掛金の決済条件も特段厳しくはないものの，経営者自身は資金繰りに不安を抱いている様子

■追加的な対応

✓×3期の毎月の仕入明細・取引先別仕入高資料の確認

✓×3期の毎月の現金残高と，預金残高の確認

✓×3期の12月末時点の現金残高と金種表，預金残高と残高証明書の照合など

■追加対応の結果判明した事項

✓×3期末時点の現金および預金の内訳を確認したところ，6の現金が計上されていたのに対し，金種表の残高は1程度であり，5は架空の現金残高であることが判明した。

✓仕入明細を確認したところ，×3期の10月〜12月の仕入単価は平時と変わらず，安値での仕入は確認できなかった。

✓取引先別仕入高について会社管理資料と会計データの集計結果を比較したところ，仕入先C社については×3期の10月〜12月に差異が生じていることが判明した（取引先別仕入高＞会計データ上の仕入高）。

✓追加ヒアリングの結果，C社への仕入高計上が過少となっており，仕入過少分が架空現金として計上されていることが判明した（例えば，30の仕入を預金振り込みで支払った場合，25は仕入を計上し，残額の5は現金勘定へ振り替えられ，仕入高として計上されない）。

■粉飾の概要

✓×3年10月～12月にかけてC社仕入高が過少計上されていた。

✓C社への買掛金支払額と，仕入高（買掛金）過少計上額の差額は現金として計上されていた（現金の過大計上）。

（C社実際仕入金額と仕入高計上額の差額）

		1月	2月	3月	4月	5月	6月	7月	8月	9月	10月	11月	12月
①	取引先別仕入高資料	20	22	18	19	20	20	22	22	20	20	22	19
②	仕入高（元帳集計）	20	22	18	19	20	20	22	22	20	18	19	14
③＝①－②	差額	0	0	0	0	0	0	0	0	0	2	3	5

（現金実際残高と試算表残高の差額）

		1月	2月	3月	4月	5月	6月	7月	8月	9月	10月	11月	12月
①	現金実際残高	2	2	2	2	2	2	2	2	2	2	2	2
②	現金（試算表残高）	2	2	2	2	2	2	2	2	2	2	4	7
③＝①－②	差額	0	0	0	0	0	0	0	0	0	0	-2	-5

（粉飾仕訳の概要）

仕訳計上月	内容	あるべき処理	当社が行っていた処理
×3年10月	10月分仕入計上	仕入　20 ／ 買掛金　20	仕入　18 ／ 買掛金　18
×3年11月	10月分仕入支払	買掛金　20 ／ 預金　20	買掛金　18 ／ 預金　20 現金　2
	11月分仕入計上	仕入　22 ／ 買掛金　22	仕入　19 ／ 買掛金　19
×3年12月	11月分仕入支払	買掛金　22 ／ 預金　22	買掛金　19 ／ 預金　22 現金　3
	12月分仕入計上	仕入　19 ／ 買掛金　19	仕入　14 ／ 買掛金　14

（×3年12月末時点の影響額）
PL影響額　仕入高10の計上漏れ（10月分仕入2，11月分仕入3，12月分仕入5の合計）
BS影響額　現金過大計上5（11月分仕入2，12月分仕入3の合計）

■粉飾の目的

✓取引先の縮小が止まらない食品卸売業をカバーすべく，経営者は飲食事業進出を検討していた。

✓飲食事業に必要な初期投資を金融機関からの借入金で対応することを想定していたが，赤字決算による信用力悪化により新規融資が受けられなくなることをおそれ，粉飾を行った。

■実態貸借対照表

　直近期である×3期において財務調整を考慮すると，簿価ベースでは40である純資産の調整後残高は30となった（現金過大計上▲5と，買掛金過少計上5を調整）。

【×3期　貸借対照表】

	簿価	調整	調整後		簿価	調整	調整後
現金預金	32	▲5	27	買掛金	50	5	55
売掛金	75		75	未払金	20		20
棚卸資産	98		98	その他流動負債	10		10
その他流動資産	10		10	借入金	280		280
建物	94		94	その他固定負債	-		
土地	60		60	負債合計	360	5	365
その他固定資産	31		31	純資産	40	▲10	30
資産合計	400	▲5	395	負債・純資産合計	400	▲5	395

■実態損益計算書3期推移

　直近3期間における営業利益は簿価ベースで10から15であったところ，調整後では0から15となった。なお，税金への影響は未考慮としている。

【損益計算書】

	簿価			調整額			調整後		
	×1期	×2期	×3期	×1期	×2期	×3期	×1期	×2期	×3期
売上高	800	760	700			-	800	760	700
売上原価	640	605	550			10	640	605	560
売上総利益	160	155	150	-	-	▲10	160	155	140
販売費及び一般管理費	145	145	140				145	145	140
営業利益	15	10	10	-	-	▲10	15	10	-
営業外収益	-	-	-				-	-	-
営業外費用	7	5	7				7	5	7
経常利益	8	5	3	-	-	▲10	8	5	▲7
特別利益	-	-	-				-	-	-
特別損失	-	-	-				-	-	-
税引前当期純利益	8	5	3	-	-	▲10	8	5	▲7
法人税等	3	2	1				3	2	1
当期純利益	5	3	2	-	-	▲10	5	3	▲8
減価償却費	10	13	12	-	-	-	10	13	12
償却前営業利益	25	23	22			▲10	25	23	12
償却前経常利益	18	18	15			▲10	18	18	5
償却前当期純利益	15	16	14			▲10	15	16	4
売上総利益率	20.0%	20.4%	21.4%				20.0%	20.4%	20.0%
営業利益率	1.9%	1.3%	1.4%				1.9%	1.3%	0.0%
経常利益率	1.0%	0.7%	0.4%				1.0%	0.7%	-1.0%

■本件のポイント

　売上高が減少する中で売上総利益率は上昇し，毎期一定の利益額をキープしていることが最初の着目ポイントである。月次損益へ目を向けると，決算期末 3 カ月の売上総利益は大幅に増加しており，年度ベースでの売上総利益率増加の要因は，月次ベースでは特定の時期に集中している状況である。最初の着眼点は損益情報にあるが，ヒアリングを通じて資金繰り・現金残高への疑念も生じ，最終的には損益計算書（仕入高），貸借対照表（現金）の両アプローチから粉飾の発覚にたどり着いている。また，両アプローチにおいても管理資料（取引先別仕入高資料，金種表）と会計帳簿の整合性の確認という基本的な手続から，粉飾金額の把握に至っている。会計上は数字を偽っていても，管理資料は実態に基づき作成していることもあるため，管理資料と会計帳簿の突合は基礎的ではあるが粉飾発覚における有効な手段の 1 つである。

　また，本事例は，買掛金支払時において通常では想定されない，現金／預金というある種異常な仕訳処理が行われており，一見すると，帳簿査閲によって容易に発覚する粉飾事例とも思われる。しかし，実際の調査においては特別な理由がない限り買掛金決済取引のような数が多い取引項目の帳簿をことさらに細かく査閲しないこともあり，やはり，損益計算書，貸借対照表の両面からの確認，管理資料の確認等といった基本的な手続から着目点を絞り込んでいくアプローチが重要と考えられる。

■検討プロセス

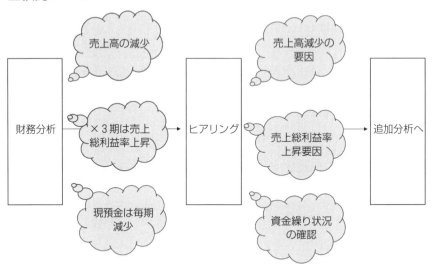

■買収価格への影響

　買収価格の算定方法には様々な方法があるが，仮に時価純資産に 3 年分の営業利益を加算する方法を前提とした場合における影響は以下のとおりとなる。

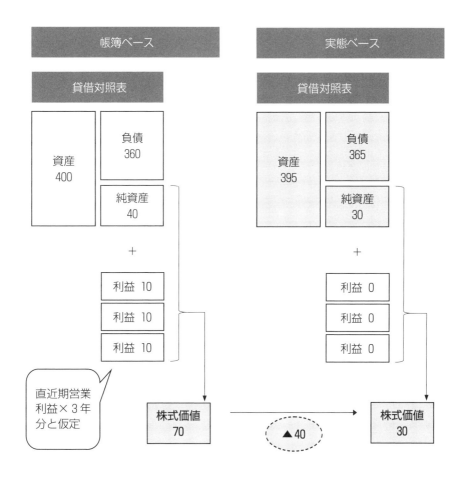

事例11：意図的な経費の未計上

■事例概要

温泉旅館を営む会社において，意図的に経費の未払計上を行わず，赤字決
算を回避していた事例

■M&A打診の経緯

利益が減少傾向であることに加え，近々対応が必要な大規模修繕の資金を
捻出することが困難なため，M&Aを検討するに至った。

■事業および商流の概要

✓業歴200年超を誇る老舗の大型温泉旅館
✓地方の有名温泉地にあるが，温泉地の観光客数は減少傾向にある
✓設備が古く，魅力の維持，安全性の観点から早期の大規模修繕が必要な
　状況

商流概要

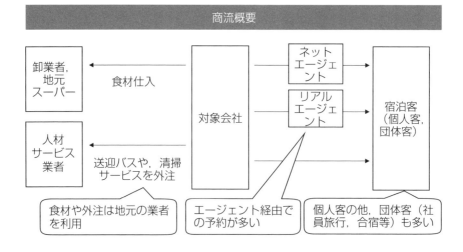

■数値情報

【貸借対照表】

	×1期	×2期	×3期	構成比
現金預金	250	271	282	14%
売掛金	100	99	98	5%
棚卸資産	50	47	49	2%
その他流動資産	50	48	49	2%
建物	1,000	957	916	44%
土地	500	500	500	24%
その他固定資産	200	190	180	9%
資産合計	2,150	2,112	2,074	100%
買掛金	50	50	50	3%
未払金	100	100	105	7%
その他流動負債	20	20	20	1%
借入金	1,500	1,450	1,400	87%
その他固定負債	30	30	30	2%
負債合計	1,700	1,650	1,605	100%
純資産	450	462	469	
負債・純資産合計	2,150	2,112	2,074	

【回転期間】　　　　　　　　　（単位：カ月）

	×1期	×2期	×3期
売上債権※1	0.6	0.6	0.7
棚卸資産※2	1.3	1.2	1.3
仕入債務※3	1.3	1.3	1.3

※1　売上債権÷(年間売上高÷12カ月)
※2　棚卸資産÷(年間売上原価÷12カ月)
※3　仕入債務÷(売上原価÷12カ月)

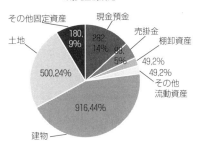

×3期資産構成比

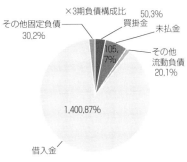

×3期負債構成比

【損益計算書】

	×1期	×2期	×3期
売上高	1,900	1,850	1,800
売上原価	475	464	450
売上総利益	1,425	1,386	1,350
販売費及び一般管理費	1,350	1,338	1,311
営業利益	75	48	39
営業外収益	－	－	－
営業外費用	30	30	29
経常利益	45	19	11
特別利益	－	－	－
特別損失	－	－	－
税引前当期純利益	45	19	11
法人税等	16	6	4
当期純利益	29	12	7

減価償却費	60	58	56
償却前営業利益	135	106	95
償却前経常利益	105	77	67
償却前当期純利益	89	70	63

売上総利益率	75.0%	74.9%	75.0%
営業利益率	3.9%	2.6%	2.2%
経常利益率	2.4%	1.0%	0.6%

【キャッシュ・フロー計算書】

	×1期	×2期	×3期
営業CF	80	76	66
投資CF	▲10	▲5	▲5
財務CF	▲50	▲50	▲50
現預金増減	20	21	11
期首現預金	230	250	271
期末現預金	250	271	282

【×3期　月次貸借対照表】

	1月	2月	3月	4月	5月	6月	7月	8月	9月	10月	11月	12月
現金預金	270	260	250	251	251	257	259	271	290	291	287	282
売掛金	88	85	96	94	97	99	111	117	99	94	91	98
棚卸資産	44	42	48	47	48	49	55	58	49	47	45	49
その他流動資産	48	48	48	48	48	48	48	48	48	48	48	49
建物	954	950	947	943	940	937	933	930	926	923	919	916
土地	500	500	500	500	500	500	500	500	500	500	500	500
その他固定資産	189	188	188	187	186	185	184	183	183	182	181	180
資産合計	2,092	2,073	2,076	2,070	2,070	2,074	2,090	2,107	2,095	2,084	2,071	2,074
買掛金	45	43	49	48	49	51	57	60	51	48	46	50
未払金	100	100	100	100	100	100	100	100	100	100	100	105
その他流動負債	20	20	20	20	20	20	20	20	20	20	20	20
借入金	1,446	1,442	1,438	1,433	1,429	1,425	1,421	1,417	1,413	1,408	1,404	1,400
その他固定負債	30	30	30	30	30	30	30	30	30	30	30	30
負債合計	1,641	1,635	1,637	1,631	1,628	1,626	1,628	1,627	1,614	1,606	1,600	1,605
純資産	452	439	439	439	442	448	463	481	482	478	471	469
負債・純資産合計	2,092	2,073	2,076	2,070	2,070	2,074	2,090	2,107	2,095	2,084	2,071	2,074

【×3期　月次損益計算書】

	1月	2月	3月	4月	5月	6月	7月	8月	9月	10月	11月	12月
売上高	135	131	148	144	149	153	171	180	153	144	140	151
売上原価	34	33	37	36	37	38	43	45	38	36	35	38
売上総利益	101	99	111	108	112	115	128	135	115	108	105	113
販売費及び一般管理費	109	109	108	106	106	106	111	111	111	109	109	113
営業利益	▲8	▲11	3	2	6	8	17	24	3	▲1	▲4	0
営業外収益	–	–	–	–	–	–	–	–	–	–	–	–
営業外費用	2	2	2	2	2	2	2	2	2	2	2	2
経常利益	▲10	▲13	1	▲1	3	6	15	21	1	▲4	▲7	▲2
特別利益	–	–	–	–	–	–	–	–	–	–	–	–
特別損失	–	–	–	–	–	–	–	–	–	–	–	–
税引前当期純利益	▲10	▲13	1	▲1	3	6	15	21	1	▲4	▲7	▲2
法人税等	–	–	–	–	–	–	–	3	–	–	–	0
当期純利益	▲10	▲13	1	▲1	3	6	15	18	1	▲4	▲7	▲2

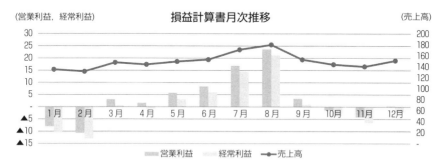

（営業利益，経常利益）　　　　損益計算書月次推移　　　　（売上高）

営業利益　　経常利益　　売上高

■着目した数値情報（粉飾決算に関連する部分のみを記載）

✓ 売上高は減少傾向にある

✓ 7月，8月に売上が増加している

✓ 売上減少下にあるが経常利益は黒字を確保している

✓ 200年超の大型老舗旅館であるが，投資キャッシュ・フローは少額

■確認したいポイント（粉飾決算に関連する部分のみを記載）

✓ 売上高の減少傾向の要因

✓ 期中の売上増減（繁閑差）

✓ 売上減少下で経常利益の黒字が確保できている理由

✓ 修繕や更新投資の状況

■ヒアリング例

×××××

×××××

直近3期は売上高が減少しているようですが，売上高減少の要因は何かありますか？

観光客が減っていてなかなか宿泊客も増えなくて苦労しています。

夏場に売上が増加していますが，やはり夏休みは旅行客が増えるのでしょうか？

夏場は旅行客も増えますが，社員旅行や大学の部活などの団体客の影響も大きいですね。

なるほど，団体客も多いんですね。利益を見てみると，売上高が減少している中で黒字を計上されていますね。コスト削減の効果が大きいのでしょうか？

人件費も燃料費も上がっていて厳しいですが，なんとか利益が出るように経費削減に努めています。

特に効果が大きいコスト削減内容を教えていただけますか？

従業員のマルチタスク化を進めて，１人でいろいろな仕事ができるようになったのは大きいですね。

歴史もあり大型の旅館ですので修繕や更新投資の負担も大きいと思います。投資キャッシュ・フローはあまり大きくないようですが，近年の更新投資や修繕等の状況はいかがですか？

直したいところは山のようにあるのですが結構な金額がかかるので必要な修繕もなかなかできていません。最近も空調設備が壊れて急遽直してもらったところです。

いつ頃修繕されたのでしょうか？

ちょうどこの前の12月だったと思います。屋根の修理も一緒にしてもらって30ほどかかりました。

それは大きな出費になりましたね。修繕費の支払はいつ頃されましたか？

金額が大きいので翌年の2月ころまで支払は待ってもらいました。

そうすると，×3期末の未払金に修繕費30が含まれるかと思いますが，×3期の未払金はあまり増えていない理由を教えてください。

ぱっと思いつくものはないですね。

未払金として計上されるものは，毎月同じようなものが多いですか？　それとも単発的なものが多いですか？

水道光熱費や人材サービス会社への支払など，固定的なものが多いと思います。細かなところまでは把握できていないので経理に聞いてみてください。

わかりました，詳細は経理の方に聞いてみます。

×××××

×××××

■ヒアリングから判明した事項

✓売上高減少の要因は，観光客減少による宿泊客減少
✓コスト削減効果はマルチタスク化による人件費削減効果が大きい
✓資金繰りとの兼ね合いで，必要な修繕や更新投資が実施されていない
✓×3年12月に修繕費30が発生している（支払は翌年の2月）
✓×3年12月の未払金に修繕費30が含まれるが，未払金合計額が過年度と比べて増えていない理由については明確な回答が得られなかった

■追加的な対応

✓×3期の未払金の内訳の確認
✓×3期の経費の月次推移の確認

■追加対応の結果判明した事項

✓×3期と×2期の未払金の内訳を比較したところ，×2期には計上されている未払金（代理店手数料，燃料費，宴会スタッフ外注費）が×3期には計上されていないことが判明した。
✓×3期の販売費及び一般管理費の月次損益を確認したところ，代理店手数料，燃料費，宴会スタッフ外注費は12月には計上されていないことが判明した。
✓請求書を確認したところ，×3年12月の代理店手数料，燃料費，宴会スタッフ外注費は毎月と同程度（合計で25）発生していることが判明した。

■粉飾の概要

✓ ×3期の決算において，経費（代理店手数料，燃料費，宴会スタッフ外注費）を意図的に計上せず，赤字決算を回避していた。

(未払金の内訳)

相手先	内容	×2期	×3期	計上漏れ額 ×3期
従業員	月末締め翌月25日払い	50	51	−
A～C社	ネットエージェント代理店手数料	10	−	10
D～E社	リアルエージェント代理店手数料	3	3	−
F社	燃料費	10	−	10
H社	宴会スタッフ外注費	5	−	5
G社	送迎バス業務委託	2	2	−
I社	リネン関係	5	5	−
修繕費		−	30	−
その他	その他固定資産税等	15	14	−
合計		100	105	25

(×3期の販売費及び一般管理費の月次推移)

勘定科目	内容	1月	2月	3月	4月	5月	6月	7月	8月	9月	10月	11月	12月	計上漏れ額 12月
人件費	従業員給与等	50	50	49	48	48	48	51	51	51	50	50	51	−
手数料	ネットエージェント	9	9	10	10	10	10	11	12	10	10	9	−	10
手数料	リアルエージェント	3	3	3	3	3	3	3	4	3	3	3	3	−
水道光熱費	燃料費	11	12	9	8	7	7	9	11	9	8	9	−	10
外注費	宴会スタッフ外注費	5	4	5	5	5	5	6	6	5	5	5	−	5
外注費	送迎バス業務委託	2	2	2	2	2	2	2	2	2	2	2	2	−
外注費	リネン関係	5	4	5	5	5	5	6	6	5	5	5	5	−
修繕費		3	−	−	−	2	−	−	−	−	−	−	30	−
その他経費	その他固定資産税等	19	21	21	21	20	21	19	15	22	23	22	18	−
減価償却費		5	5	5	5	5	5	5	5	5	5	5	5	−
合計		109	109	108	106	106	106	111	111	111	109	109	113	25

■粉飾の目的

✓ 修繕・設備資金を金融機関から調達することを予定しており，赤字決算を避けるべく粉飾に至った。

✓ また，同時にM&Aによる当社売却も検討しており，M&Aを有利に進めたいという思いが働いたことも粉飾の一因であった。

■実態貸借対照表

　直近期である×3期において財務調整を考慮すると，簿価ベースでは469である純資産の調整後残高は444となった。

【×3期　貸借対照表】

	簿価	調整	調整後		簿価	調整	調整後
現金預金	282		282	買掛金	50		50
売掛金	98		98	未払金	105	25	130
棚卸資産	49		49	その他流動負債	20		20
その他流動資産	49		49	借入金	1,400		1,400
建物	916		916	その他固定負債	30		30
土地	500		500	負債合計	1,605	25	1,630
その他固定資産	180		180	純資産	469	▲25	444
資産合計	2,074	−	2,074	負債・純資産合計	2,074	−	2,074

■実態損益計算書3期推移

　直近3期間における営業利益は簿価ベースで39から75であったところ，調整後では14から75となった。なお，税金への影響は未考慮としている。

【損益計算書】

	簿価			調整額			調整後		
	×1期	×2期	×3期	×1期	×2期	×3期	×1期	×2期	×3期
売上高	1,900	1,850	1,800	−	−	−	1,900	1,850	1,800
売上原価	475	464	450	−	−	−	475	464	450
売上総利益	1,425	1,386	1,350	−	−	−	1,425	1,386	1,350
販売費及び一般管理費	1,350	1,338	1,311			25	1,350	1,338	1,336
営業利益	75	48	39	−	−	▲25	75	48	14
営業外収益	−	−	−	−	−	−	−	−	−
営業外費用	30	30	29				30	30	29
経常利益	45	19	11	−	−	▲25	45	19	▲15
特別利益	−	−	−				−	−	−
特別損失	−	−	−				−	−	−
税引前当期純利益	45	19	11	−	−	▲25	45	19	▲15
法人税等	16	6	4				16	6	4
当期純利益	29	12	7	−	−	▲25	29	12	▲18
減価償却費	60	58	56				60	58	56
償却前営業利益	135	106	95	−	−	▲25	135	106	70
償却前経常利益	105	77	67	−	−	▲25	105	77	42
償却前当期純利益	89	70	63	−	−	▲25	89	70	38
売上総利益率	75.0%	74.9%	75.0%				75.0%	74.9%	75.0%
営業利益率	3.9%	2.6%	2.2%				3.9%	2.6%	0.8%
経常利益率	2.4%	1.0%	0.6%				2.4%	1.0%	-0.8%

■本件のポイント

　本件では財務数値の変化に目立った特徴はないが，設備投資が必要な業態において投資キャッシュ・フローが少額であるという状況を切り口に，ヒアリングによって多額の修繕費発生が生じていた事実を把握し，当該事実と数値情報（未払金）の関連性から感じる違和感をきっかけに，粉飾の糸口をつかんでいる点がポイントである。

　最終的には，月次の経費明細の確認や，未払金内訳の前期比較によって，定例的に生じている費用・未払金が計上されていないことを発見し，粉飾発覚に至っている。

　全体としてみれば，実施している手続自体はヒアリングや資料確認など基本的なものであるが，「この旅館の古さや設備の規模であればある程度の更新投資・修繕が必要であるだろう」，「代理店手数料や光熱費は恒常的に毎月発生するであろう」といった，事業に関する基本的な理解が前提になっていることも重要である。

　本件は，一見すると異常な増減のない財務推移でありながらも，事業特徴を踏まえたある種の想定と実際の財務数値との比較による違和感をきっかけとしており，事業理解が一定の意味を持っていることを示す事例といえる。

■検討プロセス

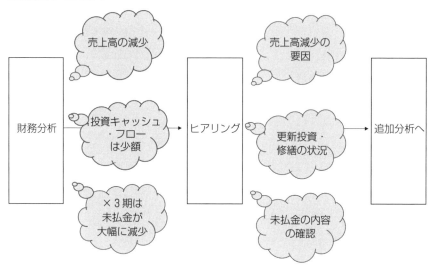

■買収価格への影響

　買収価格の算定方法には様々な方法があるが，仮に時価純資産に3年分の営業利益を加算する方法を前提とした場合における影響は以下のとおりとなる。

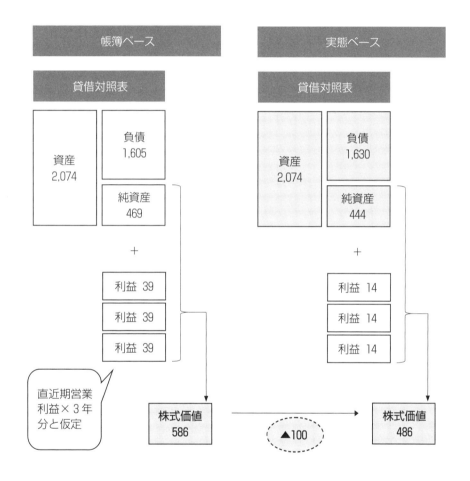

事例12：減価償却費の意図的な過少計上

■事例概要

製造業の会社において，減価償却費の意図的な調整が行われていた事例

■M&A打診の経緯

社長の体調面の不安，後継者不在から，M&Aを検討するに至った。

■事業および商流の概要

✓ 日用品・雑貨の製造業
✓ 販売先は国内の卸売業者であり，取引先数は多く，海外販売はない
✓ 自社製品以外の販売はほとんどない
✓ 原材料仕入のほとんどは国内メーカーからの直接取引
✓ 原材料，人件費，水道光熱費等の経費は軒並み上昇傾向

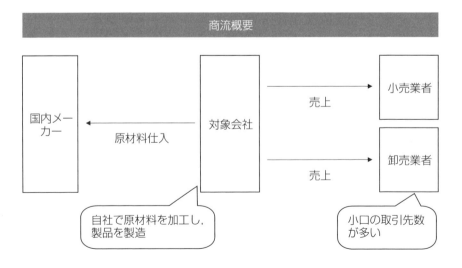

■数値情報

【貸借対照表】

	×1期	×2期	×3期	構成比
現金預金	110	75	64	5%
売掛金	120	130	130	9%
棚卸資産	200	210	210	15%
その他流動資産	50	50	50	4%
建物・機械装置	600	782	770	56%
土地	100	100	100	7%
その他固定資産	50	50	50	4%
資産合計	1,230	1,397	1,374	100%
買掛金	250	260	260	24%
未払金	220	230	230	22%
その他流動負債	150	150	150	14%
借入金	60	306	282	26%
その他固定負債	150	150	150	14%
負債合計	830	1,096	1,072	100%
純資産	400	301	302	
負債・純資産合計	1,230	1,397	1,374	

【回転期間】　　　　　　　　　　　（単位：カ月）

	×1期	×2期	×3期
売上債権※1	1.5	1.6	1.6
棚卸資産※2	3.2	3.2	3.2
仕入債務※3	4.0	3.9	3.9

※1　売上債権÷（年間売上高÷12カ月）
※2　棚卸資産÷（年間売上原価÷12カ月）
※3　仕入債務÷（年間仕入高÷12カ月）

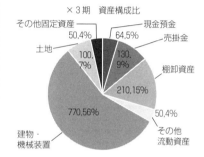

×3期　資産構成比

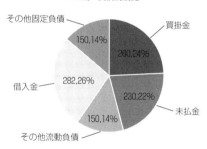

×3期　負債構成比

【損益計算書】

	×1期	×2期	×3期
売上高	950	1,000	1,000
売上原価	757	793	792
売上総利益	193	207	208
販売費及び一般管理費	180	190	190
営業利益	13	17	18
営業外収益	-	-	-
営業外費用	12	16	16
経常利益	1	1	2
特別利益	-	-	-
特別損失	-	100	-
税引前当期純利益	1	▲99	2
法人税等	0	-	1
当期純利益	1	▲99	1

	×1期	×2期	×3期
減価償却費	72	18	12
償却前営業利益	85	35	30
償却前経常利益	73	19	14
償却前当期純利益	73	▲81	13

	×1期	×2期	×3期
売上総利益率	20.3%	20.7%	20.8%
営業利益率	1.4%	1.7%	1.8%
経常利益率	0.1%	0.1%	0.2%

【キャッシュ・フロー計算書】

	×1期	×2期	×3期
営業CF	50	19	13
投資CF	-	▲300	-
財務CF	▲60	246	▲24
現預金増減	▲10	▲35	▲11
期首現預金	120	110	75
期末現預金	110	75	64

【×3期　月次貸借対照表】

	1月	2月	3月	4月	5月	6月	7月	8月	9月	10月	11月	12月
現金預金	75	72	71	70	70	68	67	66	66	66	65	64
売掛金	130	130	130	130	130	130	130	130	130	130	130	130
棚卸資産	210	210	210	210	210	210	210	210	210	210	210	210
その他流動資産	50	50	50	50	50	50	50	50	50	50	50	50
建物	782	782	782	782	782	782	782	782	782	782	782	770
土地	100	100	100	100	100	100	100	100	100	100	100	100
その他固定資産	50	50	50	50	50	50	50	50	50	50	50	50
資産合計	1,397	1,394	1,393	1,392	1,392	1,390	1,389	1,388	1,388	1,388	1,387	1,374
買掛金	260	260	260	260	260	260	260	260	260	260	260	260
未払金	230	230	230	230	230	230	230	230	230	230	230	230
その他流動負債	150	150	150	150	150	150	150	150	150	150	150	150
借入金	304	302	300	298	296	294	292	290	288	286	284	282
その他固定負債	150	150	150	150	150	150	150	150	150	150	150	150
負債合計	1,094	1,092	1,090	1,088	1,086	1,084	1,082	1,080	1,078	1,076	1,074	1,072
純資産	303	302	303	304	306	306	307	308	310	312	313	302
負債・純資産合計	1,397	1,394	1,393	1,392	1,392	1,390	1,389	1,388	1,388	1,388	1,387	1,374

【×3期　月次損益計算書】

	1月	2月	3月	4月	5月	6月	7月	8月	9月	10月	11月	12月
売上高	84	81	82	83	86	81	82	84	85	84	83	85
売上原価	65	64	64	65	66	64	64	65	66	65	65	78
売上総利益	19	17	18	18	20	17	18	19	19	19	18	7
販売費及び一般管理費	16	16	16	16	16	16	16	16	16	16	16	16
営業利益	3	1	2	2	4	1	2	3	3	3	2	▲8
営業外収益	-	-	-	-	-	-	-	-	-	-	-	-
営業外費用	1	1	1	1	1	1	1	1	1	1	1	1
経常利益	2	▲0	0	1	3	▲0	0	2	2	2	1	▲10
特別利益	-	-	-	-	-	-	-	-	-	-	-	-
特別損失	-	-	-	-	-	-	-	-	-	-	-	-
税引前当期純利益	2	▲0	0	1	3	▲0	0	2	2	2	1	▲10
法人税等	-	-	-	-	-	-	-	-	-	-	-	1
当期純利益	2	▲0	0	1	3	▲0	0	2	2	2	1	▲11

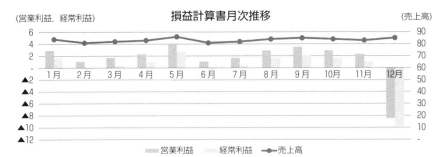

■着目した数値情報（粉飾決算に関連する部分のみを記載）

- ✓ 売上高，売上総利益率は安定的
- ✓ 3期連続で経常黒字であるものの，利益金額は極めて小さい
- ✓ ×2期に多額の特別損失が発生
- ✓ ×2期に有形固定資産と借入金が増加
- ✓ ×3期12月の月次損益で多額の営業赤字

■確認したいポイント（粉飾決算に関連する部分のみを記載）

- ✓ 外的環境と売上高・売上総利益率の関連性
- ✓ 新規取得資産の概要
- ✓ 多額の特別損失の発生理由
- ✓ 現有設備の状況
- ✓ 月次決算の対応状況

■ヒアリング例

×××××

×××××

売上高は安定的に推移していますね。どのような要因がありますか？

消費者の購買意欲は停滞していますが，どうにか維持したという状況です。ただ，まだまだ伸ばせると思っています。

売上総利益率も安定していますが，原材料費，労務費，経費等の高騰の影響はありませんか？

いずれの影響も感じていますが，各種施策によりどうにか利益率は維持しているという状況です。これ以上高騰する場合は，販売価格の値上げをせざるを得ないです。

具体的な施策の内容を教えていただけますか？

原材料の歩留り改善，人員配置見直しによる業務効率の改善，経費の業者見直し等を行っていると，工場長や財務部長から報告を受けています。

ところで，×2期に大きな特別損失を計上していますが，こちらはどのようなものですか？

だいぶ古くなった設備を廃棄したので，その除却損が発生しました。その分は新規融資を受けて新たな設備を購入しています。

この投資により生産効率が格段に上がり売上も伸ばせると思っていたのですが，先にお話ししたとおりなかなか受注が伸ばせなくて……。

そうですか，古い資産という割には除却損が大きいですね。減価償却はどのように行っているのでしょうか。

そのあたりは税理士の先生と財務部長に一任しているので，詳細は確認しておきます。

わかりました。今後更新投資が必要な設備は他にもありますか？

古い資産は多いですが十分使えており，喫緊で更新が必要なものはないと思います。

今お使いの古い設備はいつ購入されたものですか？　また，耐用年数は何年でしょうか。

工場設立時のものを使い続けていますので，もう20年以上経過しています。耐用年数は主に10年程度ですので，大幅に超過してしまっていますが，特段問題なく使用できています。

わかりました。次に月次損益についてお伺いします。×3期の12月のみ大幅な赤字ですが，何か大きな決算仕訳があるのでしょうか。

いえ，月次決算はそれなりにしっかりやっていると思います。減価償却費と税金に関する仕訳くらいだと思います。

××××××

××××××

■ヒアリングから判明した事項

✓各種コスト高騰の影響は受けている
✓特別損失は固定資産除却損
✓借入金を原資に新規設備投資を実行
✓現有設備は長期にわたり使用されている

■追加的な対応

✓売上原価の内容および推移を確認
✓減価償却費の推移を確認
✓固定資産台帳の確認（帳簿残高との照合，償却方法，耐用年数と残存簿価の比較）
✓有形固定資産の期首簿価に対する減価償却費の割合を検証
✓減価償却費の計上プロセスの確認
✓工場内視察，固定資産のサンプル実査
など

■追加対応の結果判明した事項

✓原材料費，労務費，経費（減価償却費を除く）のいずれも増加基調にあり，売上高に占める割合は増加していた（減価償却費が調整弁になっていた）。
✓減価償却費を決算調整に用いるため，月次の減価償却費予定計上を行っていなかった。
✓耐用年数を大幅に超過しているにもかかわらず多額の簿価が残っている固定資産が散見された。
✓固定資産台帳の一部資産についてサンプル実査を行ったところ，実在しない資産（処分済みの資産）が固定資産台帳に含まれていた。

■粉飾の概要

✓ 継続的に減価償却費を調整する（税法上の償却限度額での減価償却を行わない）ことで，経常利益の黒字化を図っていた。

✓ 過年度の償却不足については，資産除却時に特別損失として費用処理していた。

（固定資産台帳）

No.	資産名	取得日	償却方法	耐用年数	取得価額	期首簿価	償却限度額	償却額	期末簿価
10001	AAA	××年●月	定額法	30	600	300	20	10	290
10002	AA	××年●月	定額法	20	300	298	15	2	296
10011	BBB	××年●月	定率法	10	200	80	16	0	80
10021	CCC	××年●月	定率法	10	100	40	8	0	40
10022	CCC-1	××年●月	定率法	6	120	18	6	0	18
10031	DDD	××年●月	定率法	6	50	12	4	0	12
10041	EEE	××年●月	定率法	4	30	6	3	0	6

取得日からの経過年数が耐用年数を大幅に超過しているにもかかわらず，簿価が残っている
このため，古い資産にもかかわらず除却時に除却損が発生する

償却限度額に対して，全額償却していない

■粉飾の目的

✓ 金融機関から設備投資資金を引き出すために，減価償却費を過少計上し，決算の黒字化を図っていた。

✓ 設備の老朽化が進んでおり，継続的な設備投資資金を必要としていたことから，過去から継続的に減価償却費の過少計上を行っていた。

■実態貸借対照表

その後，詳細な調査手続を経た結果，直近期である×3期において財務調整を考慮すると，簿価ベースでは302である純資産の調整後残高は25となった。

【×3期 貸借対照表】

	簿価	調整	調整後		簿価	調整	調整後
現金預金	64		64	買掛金	260		260
売掛金	130		130	未払金	230		230
棚卸資産	210		210	その他流動負債	150		150
その他流動資産	50		50	借入金	282		282
建物	770	▲278	492	その他固定負債	150		150
土地	100		100	負債合計	1,072	−	1,072
その他固定資産	50		50	純資産	302	▲278	25
資産合計	1,374	▲278	1,097	負債・純資産合計	1,374	▲278	1,097

■実態損益計算書3期推移

その後，詳細な調査手続を経た結果，直近3期間において財務調整を考慮すると，簿価ベースでは13から18であった営業利益は，調整後で▲43から▲25となった。なお，税金への影響は未考慮としている。

【損益計算書】

	簿価			調整額			調整後		
	×1期	×2期	×3期	×1期	×2期	×3期	×1期	×2期	×3期
売上高	950	1,000	1,000	−	−	−	950	1,000	1,000
売上原価	757	793	792	38	60	60	795	853	852
売上総利益	193	207	208	▲38	▲60	▲60	155	147	148
販売費及び一般管理費	180	190	190				180	190	190
営業利益	13	17	18	▲38	▲60	▲60	▲25	▲43	▲42
営業外収益	−	−	−	−	−	−	−	−	−
営業外費用	12	16	16	−	−	−	12	16	16
経常利益	1	1	2	▲38	▲60	▲60	▲37	▲59	▲58
特別利益	−	−	−				−	−	−
特別損失	−	100	−		▲100		−	−	−
税引前当期純利益	1	▲99	2	▲38	40	▲60	▲37	▲59	▲58
法人税等	0	−	1				0	−	1
当期純利益	1	▲99	1	▲38	40	▲60	▲37	▲59	▲58

減価償却費	72	18	12	38	60	60	110	78	72
償却前営業利益	85	35	30	−	−	−	85	35	30
償却前経常利益	73	19	14	−	−	−	73	19	14
償却前当期純利益	73	▲81	13	−	100	−	73	19	13

売上総利益率	20.3%	20.7%	20.8%				16.3%	14.7%	14.8%
営業利益率	1.4%	1.7%	1.8%				-2.6%	-4.3%	-4.2%
経常利益率	0.1%	0.1%	0.2%				-3.9%	-5.9%	-5.8%

■本件のポイント

　古い固定資産の除却であるにもかかわらず多額の固定資産除却損が発生している状況から，継続的に減価償却費が適切に計上されていない可能性を想定できるか否かが本件のポイントである。損益状況の分析やヒアリングのみで異常性を発見することは難しい一方で，減価償却費の過少計上は中小企業において頻繁に行われる粉飾手法の１つであり，このような事例が多く存在するという予備知識も重要と言える。なお，減価償却費の過少計上は，税務上の繰越欠損金を利用期限内に消化することを目的として一時的に行われるケースもある（繰越欠損金の利用期限内にできるだけ多くの所得を出すために，税務上は任意である減価償却費計上を過少にする）。このような場合には明確な経済合理性を根拠にしており，粉飾決算の意図を持っていないこともあるため，過少計上の目的は確認する必要がある。

　また，本件のように売上高に対して極めて小さい利益額で決算数値が推移しているような場合には，それ自体が直接的に粉飾の存在を示唆するものではないが，粉飾決算を行うインセンティブが生じやすい傾向値が出ているということは頭の片隅に入れておく必要があると思われる。固定資産の粉飾に限ったものではないが，粉飾が行われやすい状況の察知は本事例に限らず重要である。

■検討プロセス

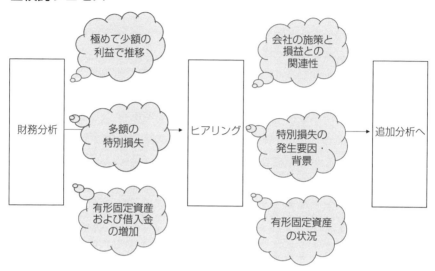

■買収価格への影響

　買収価格の算定方法には様々な方法があるが，仮に時価純資産に 3 年分の営業利益を加算する方法を前提とした場合における影響は以下のとおりとなる。

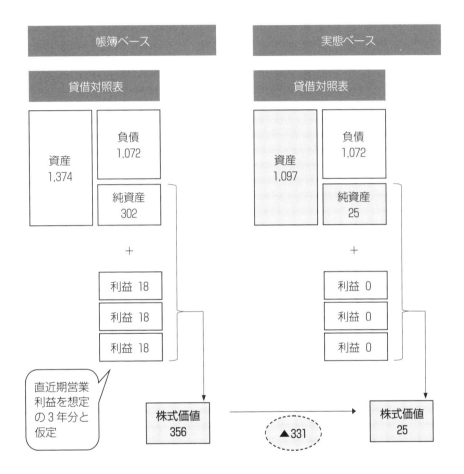

事例13：役員との取引による売上高の架空計上

■事例概要

役員個人との資金取引を販売および期末日後の買戻し取引として処理することにより売上高を過大計上していた事例

■M&A打診の経緯

社内リソースやノウハウでは事業拡大に限界を感じ，同業者への売却を検討するに至った。

■事業および商流の概要

✓自動車販売業を営む

✓近年は資材や人件費の高騰に伴い自動車本体の販売価格が上昇し，業界全体として購買意欲に陰りが見える

✓顧客は個人だけではなく，同業他社（販売店）も含まれる

商流概要

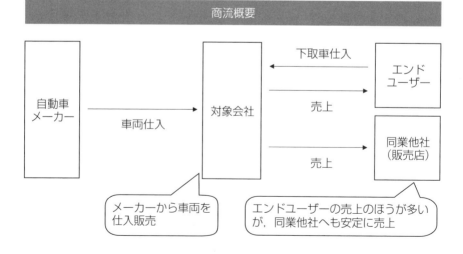

■数値情報

【貸借対照表】

	×1期	×2期	×3期	構成比
現金預金	130	138	158	23%
売掛金	90	85	70	10%
棚卸資産	220	210	195	28%
その他流動資産	80	80	80	12%
建物・機械装置	50	44	40	6%
土地	50	50	50	7%
その他固定資産	100	100	100	14%
資産合計	720	707	693	100%
買掛金	210	200	180	38%
未払金	110	100	105	22%
その他流動負債	50	50	50	11%
借入金	100	100	88	18%
その他固定負債	50	50	50	11%
負債合計	520	500	473	100%
純資産	200	207	220	
負債・純資産合計	720	707	693	

【回転期間】　　　　　　　　　　（単位：カ月）

	×1期	×2期	×3期
売上債権※1	0.9	0.9	0.8
棚卸資産※2	2.7	2.7	2.7
仕入債務※3	2.6	2.5	2.5

※1　売上債権÷(年間売上高÷12カ月)
※2　棚卸資産÷(年間売上原価÷12カ月)
※3　仕入債務÷(年間仕入高÷12カ月)

×3期　資産構成比

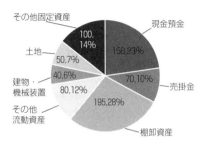

×3期　負債構成比

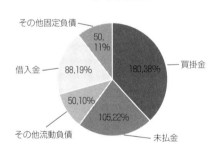

【損益計算書】

	×1期	×2期	×3期
売上高	1,200	1,100	1,020
売上原価	972	946	857
売上総利益	228	154	163
販売費及び一般管理費	120	135	135
営業利益	108	19	28
営業外収益	2	1	1
営業外費用	10	10	9
経常利益	100	10	20
特別利益	-	-	-
特別損失	-	-	-
税引前当期純利益	100	10	20
法人税等	35	4	7
当期純利益	65	7	13

減価償却費	6	6	4
償却前営業利益	114	25	32
償却前経常利益	106	16	24
償却前当期純利益	71	13	17

売上総利益率	19.0%	14.0%	16.0%
営業利益率	9.0%	1.7%	2.8%
経常利益率	8.3%	0.9%	2.0%

【キャッシュ・フロー計算書】

	×1期	×2期	×3期
営業CF	40	8	32
投資CF	▲2	-	-
財務CF	-	-	▲12
現預金増減	38	8	20
期首現預金	92	130	138
期末現預金	130	138	158

【×3期　月次貸借対照表】

	1月	2月	3月	4月	5月	6月	7月	8月	9月	10月	11月	12月
現金預金	151	145	63	75	86	82	82	72	76	68	211	158
売掛金	85	80	80	80	80	75	65	65	70	70	40	70
棚卸資産	200	190	260	255	260	250	255	255	260	265	185	195
その他流動資産	80	80	80	80	80	80	80	80	80	80	80	80
建物	44	44	44	44	44	44	44	44	44	44	44	40
土地	50	50	50	50	50	50	50	50	50	50	50	50
その他固定資産	100	100	100	100	100	100	100	100	100	100	100	100
資産合計	710	689	677	684	700	681	676	666	680	677	710	693
買掛金	200	190	190	200	200	190	190	180	185	185	190	180
未払金	100	95	95	100	110	105	100	100	105	100	100	105
その他流動負債	50	50	50	50	50	50	50	50	50	50	50	50
借入金	99	98	97	96	95	94	93	92	91	90	89	88
その他固定負債	50	50	50	50	50	50	50	50	50	50	50	50
負債合計	499	483	482	496	505	489	483	472	481	475	479	473
純資産	211	206	195	188	195	192	193	194	199	202	231	220
負債・純資産合計	710	689	677	684	700	681	676	666	680	677	710	693

【×3期　月次損益計算書】

	1月	2月	3月	4月	5月	6月	7月	8月	9月	10月	11月	12月
売上高	82	87	10	82	82	77	77	82	87	77	204	77
売上原価	67	78	9	73	65	67	65	65	73	61	163	69
売上総利益	15	9	1	8	16	9	11	16	14	15	41	8
販売費及び一般管理費	10	13	12	14	9	10	11	12	9	12	11	12
営業利益	5	▲4	▲11	▲6	7	▲1	0	4	5	3	30	▲4
営業外収益	-	-	-	-	-	1	-	-	-	-	-	-
営業外費用	-	1	-	1	-	3	-	1	-	1	-	2
経常利益	5	▲5	▲11	▲7	7	▲3	0	3	5	2	30	▲6
特別利益	-	-	-	-	-	-	-	-	-	-	-	-
特別損失	-	-	-	-	-	-	-	-	-	-	-	-
税引前当期純利益	5	▲5	▲11	▲7	7	▲3	0	3	5	2	30	▲6
法人税等	-	-	-	-	-	-	-	-	2	-	-	5
当期純利益	5	▲5	▲11	▲7	7	▲3	0	2	5	2	30	▲12

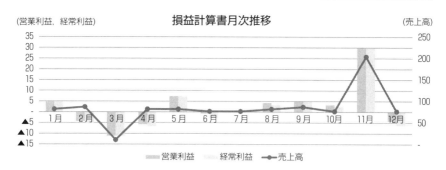

■着目した数値情報（粉飾決算に関連する部分のみを記載）

✓ 売上高は減少傾向

✓ 売上総利益率は不安定

✓ 月次損益のブレが非常に大きい

✓ 期中の現金預金の残高が大きく変動する

■確認したいポイント（粉飾決算に関連する部分のみを記載）

✓ 売上高の減少要因

✓ 売上総利益率の変動要因

✓ 日常的な財務面の管理体制

✓ 現金預金の増減要因

■ヒアリング例

×××××

×××××

売上高が年々減少していますが，理由を教えてください。

×1期までは順調に伸びていたのですが，購買意欲の減衰もあり×2期以降の売上が低迷しています。

×2期の売上総利益率がかなり悪化していますが，これはどのような理由でしょうか？

この期は特にA車が人気だったんですけど，A車はメーカー設定の利益率が低くて。×3期はセールスミックスが少し×1期に戻ったおかげで持ち直しました。

×2期の販管費の増加理由は何でしょうか。

×2期は，×1期の業績をさらに伸ばすべく，販促や広告宣伝に力を入れたため販管費がかさみました。ただ，無駄遣いもあった印象で×3期に見直しました。

営業施策がうまくいかなかった要因は分析できていますか？

弊社は創業して数年で急激に売上高を拡大してきた会社で，営業管理が行き届かなくなっており，今回の施策をうまくコントロールできなくなったことが要因です。

わかりました。営業面と同様の問題は財務管理でも起こっていますか？

そうですね。こちらのほうでも人員不足による影響は出てしまっています。

具体的にはどのあたりでしょうか。

月次決算の処理が迅速にできておらず，業績の把握がスムーズにできていません。費用も発生主義で計上できていないものもあり，それが要因で月次の利益もぶれてしまっています。

資金繰りも精緻にできていないのが実情です。資金残高に大きな懸念はないですが。

そうですか。ちなみに×3期の3月の売上高がかなり少額，7月の売上高が多額になっていますが，要因は把握していますか？

おそらく売上高の月ズレに起因するものと思いますが，ちょっと調べてみないと詳細はわかりかねます。

現預金の動きも同様でしょうか。それとも売掛金の回収サイトと関連していますか。

売上高の変動による影響もありますが，エンドユーザーへ販売するか，販売店に売却するかで入金サイトが異なるので，販売先の構成にも影響を受けていると思います。

エンドユーザーは一括で販売月に入金されることがほとんどですが，販売店は翌月末の入金です。

×××××

×××××

■ヒアリングから判明した事項

✓売上高の減少は外部環境の影響によるもの

✓×2期の売上総利益率の悪化は販売車両のセールスミックスに影響を受けている

✓営業面，財務面ともに管理が不十分となっている

✓期中の現預金の増減は，売上高の変動，販売先の影響を受けている

■追加的な対応

✓売上高明細および総勘定元帳の確認

✓利益率や決済サイトがイレギュラーな売上取引の把握

など

■追加対応の結果判明した事項

✓×2期の売上高の明細において，役員Aへ複数台の売上があり，即時入金がなされていた。

✓×3期3月に当該役員Aから×2期に販売した車両がすべて返品されていた（売上高のマイナス計上および返金の処理が確認された）。

✓×3期11月にも再度役員Aに対して，複数台の車両売上の計上，即時入金がなされていた。

✓いずれの取引も契約書は作成されておらず，販売の実態を伴っていなかった。

✓また，通常よりも高い利益率での販売処理となっていた。

■粉飾の概要

- ✓ 役員の個人資金を利用して，単なる資金移動取引を売上高および返品処理として計上することにより一時的な売上高の過大計上（および利益計上）を行っていた。
- ✓ 利益率に異常が出ないよう，当該売上高に係る売上原価もあわせて計上していた。
- ✓ 会社に資金余力が生じたタイミングで返品処理を装い役員個人に返金処理をしていた。
- ✓ すなわち，実質的には資金貸借取引を売上取引に偽装した粉飾であった。

売上高明細（×3期3月）

ユーザー	車種	台数	売上高	原価	粗利益
B	a	1	10	8	2
A（役員）	b	1	▲18	▲11	▲7
C	c	1	8	6	2
D販売店	d	1	25	21	5
A（役員）	a	1	▲15	▲9	▲6
E	e	1	10	8	2
F	f	1	20	18	2
A（役員）	b	1	▲14	▲9	▲5

同一の月内に役員からの返品（売上高のマイナス）が複数件発生

売上高明細（×3期11月）

ユーザー	車種	台数	売上高	原価	粗利益
G販売店	d	1	14	12	2
H	e	1	12	7	5
I	a	1	8	7	1
A（役員）	e	1	25	17	8
J	f	1	16	13	3
A（役員）	e	1	10	6	4
K	c	1	20	18	2
A（役員）	b	1	15	9	6

同一の月内に役員への売上が複数件発生

役員Aへの売上は，他の売上に比べ高利益率

■粉飾の目的

- ✓ 当該粉飾はM&Aの局面において業績を良く見せるという目的のほか，役員借入金の存在が買い手に対してネガティブな印象を与えることを懸念した結果，資金取引を売上取引に擬制するという処理を行った。
- ✓ また，対象会社は資金繰りを厳密に管理できていなかったことから正確な資金予測が困難となっており，資金面の不安から役員の個人資金を会社に投入したという側面もあった。

■実態貸借対照表

　その後，詳細な調査手続を経た結果，直近期である×3期において財務調整を考慮すると，簿価ベースでは220である純資産の調整後残高は164となった。

【×3期　貸借対照表】

	簿価	調整	調整後		簿価	調整	調整後
現金預金	158		158	買掛金	180		180
売掛金	70		70	未払金	105		105
棚卸資産	195	84	279	その他流動負債	50		50
その他流動資産	80		80	借入金	88	140	228
建物	40		40	その他固定負債	50		50
土地	50		50	負債合計	473	140	613
その他固定資産	100		100	純資産	220	▲56	164
資産合計	693	84	777	負債・純資産合計	693	84	777

■実態損益計算書3期推移

　その後，詳細な調査手続を経た結果，直近3期間において財務調整を考慮すると，簿価ベースでは28から108であった営業利益は，調整後では▲13から108となった。なお，税金への影響は未考慮としている。

【損益計算書】

	簿価			調整額			調整後		
	×1期	×2期	×3期	×1期	×2期	×3期	×1期	×2期	×3期
売上高	1,200	1,100	1,020	–	▲80	▲60	1,200	1,020	960
売上原価	972	946	857	–	▲48	▲36	972	898	821
売上総利益	228	154	163	–	▲32	▲24	228	122	139
販売費及び一般管理費	120	135	135	–	–	–	120	135	135
営業利益	108	19	28	–	▲32	▲24	108	▲13	4
営業外収益	2	1	1	–	–	–	2	1	1
営業外費用	10	10	9	–	–	–	10	10	9
経常利益	100	10	20	–	▲32	▲24	100	▲22	▲4
特別利益	–	–	–	–	–	–	–	–	–
特別損失	–	–	–	–	–	–	–	–	–
税引前当期純利益	100	10	20	–	▲32	▲24	100	▲22	▲4
法人税等	35	4	7	–	–	–	35	4	7
当期純利益	65	7	13	–	▲32	▲24	65	▲26	▲11
減価償却費	–	–	–	–	–	–	–	–	–
償却前営業利益	108	19	28	–	▲32	▲24	108	▲13	4
償却前経常利益	100	10	20	–	▲32	▲24	100	▲22	▲4
償却前当期純利益	65	7	13	–	▲32	▲24	65	▲26	▲11
売上総利益率	19.0%	14.0%	16.0%				19.0%	12.0%	14.5%
営業利益率	9.0%	1.7%	2.8%				9.0%	-1.3%	0.4%
経常利益率	8.3%	0.9%	2.0%				8.3%	-2.2%	-0.4%

■本件のポイント

　本事例のポイントは月次推移にみられる異常値（極端に売上高が低水準な月，高水準な月）である。本事例では売上高や売上原価は一見通常の取引と同様に計上されており，売掛金も実際に資金として回収されているため，決算書のBS，PLを見ただけでは粉飾発見は困難である。また，本事例は元々個人との取引が多数に生じる業態であるところ，役員個人との取引が粉飾に利用されており，その観点からも若干粉飾が明らかになりにくい要素もある。一方で，月次試算表の推移を確認すれば極端に売上高が少額あるいは多額となっている月があり，その異常性はかなり顕著である。期中の試算表に着目すれば容易に粉飾発見の糸口をつかむことができるという事例の1つである。

■検討プロセス

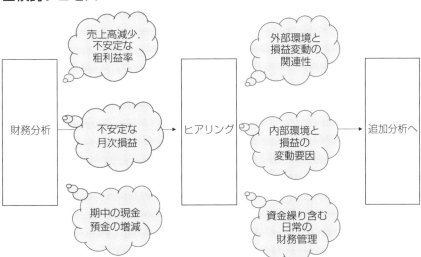

■買収価格への影響

　買収価格の算定方法には様々な方法があるが，仮に時価純資産に３年分の営業利益を加算する方法を前提とした場合における影響は以下のとおりとなる。

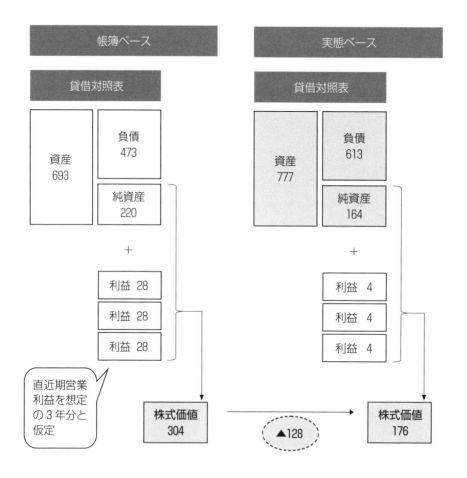

事例14：負債との相殺による不良資産の簿外化

■事例概要

発生原価の一部を棚卸資産に計上することによって原価の過少計上を行い，さらに当該棚卸資産（不良資産）を負債項目と相殺することで簿外化していた事例

■M&A打診の経緯

現経営者が高齢であり，後継者不在のためM&Aを検討するに至った。

■事業および商流の概要

✓ 機械装置の製造業
✓ 独自の技術を持ち，業界内での立ち位置を維持している
✓ 販売先は国内のメーカー等
✓ 業界内では原材料価格の高騰が続いている状況

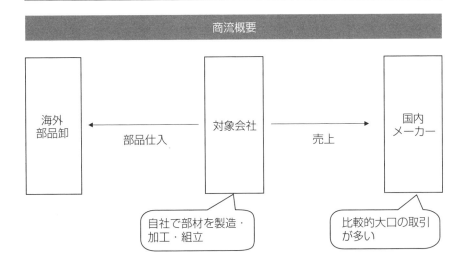

■数値情報

【貸借対照表】

	×1期	×2期	×3期	構成比
現金預金	25	35	24	3%
売掛金	210	210	220	25%
棚卸資産	110	120	150	17%
その他流動資産	30	30	30	3%
建物・機械装置	150	140	130	15%
土地	200	200	200	23%
その他固定資産	170	140	120	14%
資産合計	895	875	874	100%
買掛金	190	190	200	30%
未払金	95	95	95	14%
その他流動負債	120	110	110	17%
借入金	250	238	226	34%
その他固定負債	40	35	35	5%
負債合計	695	668	666	100%
純資産	200	207	208	
負債・純資産合計	895	875	874	

【回転期間】 （単位：カ月）

	×1期	×2期	×3期
売上債権※1	2.3	2.4	2.4
棚卸資産※2	1.5	1.7	2.1
仕入債務※3	2.7	2.7	2.7

※1 売上債権÷（年間売上高÷12カ月）
※2 棚卸資産÷（年間売上原価÷12カ月）
※3 仕入債務÷（年間仕入高÷12カ月）

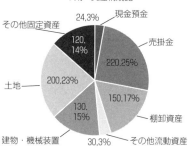

×3期 資産構成比

×3期 負債構成比

【損益計算書】

	×1期	×2期	×3期
売上高	1,100	1,070	1,100
売上原価	856	854	875
売上総利益	244	216	225
販売費及び一般管理費	210	200	210
営業利益	34	16	15
営業外収益	–	–	–
営業外費用	12	10	12
経常利益	22	6	3
特別利益	–	5	–
特別損失	–	–	2
税引前当期純利益	22	11	1
法人税等	8	4	0
当期純利益	14	7	1

減価償却費	12	10	10
償却前営業利益	46	26	25
償却前経常利益	34	16	13
償却前当期純利益	26	17	11

売上総利益率	22.2%	20.2%	20.5%
営業利益率	3.1%	1.5%	1.4%
経常利益率	2.0%	0.6%	0.3%

【キャッシュ・フロー計算書】

	×1期	×2期	×3期
営業CF	30	▲13	▲17
投資CF	–	35	18
財務CF	▲12	▲12	▲12
現預金増減	18	10	▲11
期首現預金	7	25	35
期末現預金	25	35	24

【×3期　月次貸借対照表】

	1月	2月	3月	4月	5月	6月	7月	8月	9月	10月	11月	12月
現金預金	34	37	36	46	45	44	38	35	48	37	25	24
売掛金	210	210	210	215	215	215	215	215	215	220	220	220
棚卸資産	300	300	300	310	310	330	350	360	380	390	400	150
その他流動資産	30	30	30	30	30	30	30	30	30	30	30	30
建物	140	140	140	140	140	140	140	140	140	140	140	130
土地	200	200	200	200	200	200	200	200	200	200	200	200
その他固定資産	140	140	140	140	140	140	140	140	120	120	120	120
資産合計	1,054	1,057	1,056	1,081	1,080	1,099	1,113	1,120	1,133	1,137	1,135	874
買掛金	190	190	190	190	190	190	190	190	195	200	200	200
未払金	95	95	95	100	100	100	95	100	95	95	95	95
その他流動負債	290	290	290	310	310	330	350	350	370	370	370	110
借入金	237	236	235	234	233	232	231	230	229	228	227	226
その他固定負債	35	35	35	35	35	35	35	35	35	35	35	35
負債合計	847	846	845	869	868	887	901	910	924	928	927	666
純資産	207	211	211	212	212	212	212	210	209	209	208	208
負債・純資産合計	1,054	1,057	1,056	1,081	1,080	1,099	1,113	1,120	1,133	1,137	1,135	874

【×3期　月次損益計算書】

	1月	2月	3月	4月	5月	6月	7月	8月	9月	10月	11月	12月
売上高	91	97	91	93	91	91	92	91	89	91	89	92
売上原価	73	75	73	73	73	73	73	73	72	73	72	73
売上総利益	19	22	19	20	18	19	19	19	17	19	17	19
販売費及び一般管理費	18	18	18	18	18	18	18	18	18	18	18	18
営業利益	1	5	1	2	1	1	2	1	▲0	1	▲0	2
営業外収益	-	-	-	-	-	-	-	-	-	-	-	-
営業外費用	1	1	1	1	1	1	1	1	1	1	1	1
経常利益	0	4	0	1	▲0	0	1	0	▲1	0	▲1	1
特別利益												
特別損失								2				
税引前当期純利益	0	4	0	1	▲0	0	1	▲2	▲1	0	▲1	1
法人税等												0
当期純利益	0	4	0	1	▲0	0	1	▲2	▲1	0	▲1	1

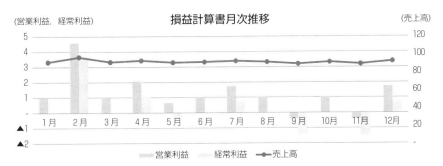

（営業利益，経常利益）　　損益計算書月次推移　　（売上高）

営業利益　　経常利益　　売上高

■着目した数値情報（粉飾決算に関連する部分のみを記載）

> ✓ 売上高は横ばい，3期連続で黒字と安定的な業績
>
> ✓ 黒字が続いているにもかかわらず，現金預金残高は極めて低水準で推移しており，直近2期の営業キャッシュ・フローも赤字
>
> ✓ 棚卸資産回転期間は長期化の兆し
>
> ✓ 期中の棚卸資産およびその他流動負債の残高が決算に比べ異常に多い
>
> ✓ その他固定資産が減少

■確認したいポイント（粉飾決算に関連する部分のみを記載）

> ✓ PLの業績が安定している要因
>
> ✓ 営業キャッシュ・フローが赤字の理由，資金繰りの状況
>
> ✓ 棚卸資産の内容，回転期間長期化の要因
>
> ✓ 期中のその他流動負債の内容および変動要因

■ヒアリング例

> ×××××

> ×××××

> 売上高，利益ともに安定して推移していますが，どのような要因が考えられますか。資材高騰の影響はありますか。

> 当社でしか組み立てられない特殊な機械等もありますので，そういった技術を評価いただいていることが要因だと思います。資材高騰の影響は受けていますが，他の経費削減で吸収できています。

そうですか。利益は出ているものの営業キャッシュ・フローはここ 2 期間赤字ですね。何か要因はありますか？

どうにか利益は出せているもののギリギリの状況ですので，ちょっとした要因でキャッシュ・フローが赤字になってしまうこともあると思います。

資金残高もかなり少ないように思いますが，この水準で資金繰りに問題はありませんか？　資金繰りを検討しているのはどなたですか？

月初に入金が多く，月末に支払が偏るので，月末残高が少なくなる傾向にありますが，どうにか回っています。詳細な管理は財務部長が行っています。

棚卸資産の回転期間もやや伸びているように見えますが，こちらは何か理由がありますか？

×2 期に一部原材料の誤発注をしてしまったので，その影響は多少はあるはずです。この在庫はゆくゆくは消化できると思います。それ以外にはっきりとした理由は思いつきません。

期中の棚卸資産の増減はどのような要因ですか？

欠品が起きないよう資材をまとめて買うこともありますし，仕掛案件数との兼ね合いで増減は生じることはあると思いますが，具体的に特定できてはいません。

同じく期中のその他流動負債の増減はどうですか？

資金残高はまだまだ余裕がないため，お客様によっては前受金をもらって対応しているので増加要因になります。

お客様のご要望もありますし，当社としても極力案件を翌期に繰り越さないようにしているので，期末の棚卸資産やその他流動負債（前受金）は期中に比べて減る傾向にあると思います。

話は変わりますが，その他固定資産が減少していますが，これはなぜですか？

手許資金を厚くするため，先代が買った有価証券やゴルフ会員権やらの不要資産を資金化する意図で売却しました。

×××××

×××××

■ヒアリングから判明した事項

✓ 顧客からの評価もあり受注は安定

✓ 資金繰りに余裕はない

✓ 棚卸資産の増加は原材料の誤発注の影響がある

✓ 期中の棚卸資産やその他流動負債の増減は通常の事業活動で生じる

✓ その他流動負債は資金繰りの観点から受注時に受領している前受金

✓ その他固定資産の売却は手許資金を厚くするために行った

■追加的な対応

✓ 月次および年度末の棚卸資産明細の確認

✓ 月次のその他流動負債（前受金）の相手先を確認

✓ その他流動負債の帳簿の確認（月次変動要因の把握）

など

■追加対応の結果判明した事項

✓ 期中の棚卸資産明細には，完了案件に係るもの（不良資産）が多数含まれていた（正常在庫と区分するために特定のコードを設定）。

✓ 月次（期末月以外）のその他流動負債には通常の前受金以外にα社（社長知人の会社）からの入金が発見された。この入金の実態は借入金であるとの説明を受けた。

✓ 決算において，「（借方）その他流動負債／（貸方）棚卸資産」という仕訳で滞留在庫分をα社からの借入金と相殺していた。

✓ 一部相殺しきれない棚卸資産（不良資産）については，勘定科目内訳書上は進行中の案件に係る正常在庫として表記していた。

✓ この相殺しきれなかった滞留在庫が，棚卸資産の回転期間が長期化する一因になっていた。

■粉飾の概要

✓発生した原価を棚卸資産として計上し，原価を過少計上していた。

✓この棚卸資産（不良資産）を決算時にその他流動負債（他社からの借入金）と相殺することで貸借対照表上から簿外化する粉飾も行っていた。

✓さらに，一部相殺しきれなかった棚卸資産（不良資産）については決算書の勘定科目内訳書上も，虚偽の記載で正常在庫を装っていた。

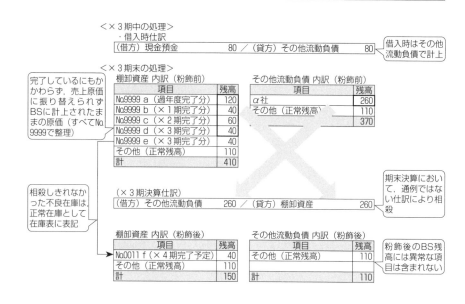

■粉飾の目的

> ✓粉飾の目的は，M&Aにおける譲渡条件を良くすることや仕入先からの与信を維持することであった。
>
> ✓急激な仕入価格の高騰を価格転嫁できず，売上総利益率が急低下している状況を隠蔽するために原価の過少計上を行った。
>
> ✓また，資金繰りにも窮しており，他社からの借入により資金を賄っていたが，当該借入も原価繰延により計上していた棚卸資産（不良資産）と相殺することで簿外化していた。
>
> ✓なお，この簿外処理は，資金提供者と当社のメイン銀行が同一であったため，資金提供者への配慮という側面もあった（資金提供者を経由した迂回融資を指摘されるおそれ）。

■実態貸借対照表

　その後，詳細な調査手続を経た結果，直近期である×3期において財務調整を考慮すると，簿価ベースでは208である純資産の調整後残高は▲92となった。

【×3期　貸借対照表】

	簿価	調整	調整後		簿価	調整	調整後
現金預金	24		24	買掛金	200		200
売掛金	220		220	未払金	95		95
棚卸資産	150	▲40	110	その他流動負債	110		110
その他流動資産	30		30	借入金	226	260	486
建物	130		130	その他固定負債	35		35
土地	200		200				–
その他の固定資産	120		120	負債合計	666	260	926
	–		–	純資産	208	▲300	▲92
資産合計	874	▲40	834	負債・純資産合計	874	▲40	834

■実態損益計算書3期推移

　その後，詳細な調査手続を経た結果，直近3期間において財務調整を考慮すると，簿価ベースでは15から34であった営業利益は，調整後で▲65から▲6となった。なお，税金への影響は未考慮としている。

【損益計算書】

	簿価			調整額			調整後		
	×1期	×2期	×3期	×1期	×2期	×3期	×1期	×2期	×3期
売上高	1,100	1,070	1,100	–	–	–	1,100	1,070	1,100
売上原価	856	854	875	40	60	80	896	914	955
売上総利益	244	216	225	▲40	▲60	▲80	204	156	145
販売費及び一般管理費	210	200	210				210	200	210
営業利益	34	16	15	▲40	▲60	▲80	▲6	▲44	▲65
営業外収益	–	–	–				–	–	–
営業外費用	12	10	12				12	10	12
経常利益	22	6	3	▲40	▲60	▲80	▲18	▲54	▲77
特別利益	–	5	–				–	5	–
特別損失	–	–	2				–	–	2
税引前当期純利益	22	11	1	▲40	▲60	▲80	▲18	▲49	▲79
法人税等	8	4	0				8	4	0
当期純利益	14	7	1	▲40	▲60	▲80	▲26	▲53	▲79
減価償却費	12	10	10	–	–	–	12	10	10
償却前営業利益	46	26	25	▲40	▲60	▲80	6	▲34	▲55
償却前経常利益	34	16	13	▲40	▲60	▲80	▲6	▲44	▲67
償却前当期純利益	26	17	11	▲40	▲60	▲80	▲14	▲43	▲69
売上総利益率	22.2%	20.2%	20.5%				18.5%	14.6%	13.2%
営業利益率	3.1%	1.5%	1.4%				-0.5%	-4.1%	-5.9%
経常利益率	2.0%	0.6%	0.3%				-1.6%	-5.0%	-7.0%

■本件のポイント

　本件のポイントは，期中の数値に極端な異常値が表れている点にある。具体的には，期末へ向けて徐々に残高を積み上げていき12月に急減する棚卸資産，その他流動負債である。前章までにおいても紹介したように，一般に粉飾決算が行われている場合には期末の決算書は取引金融機関や仕入先などに提出することを想定して丁寧な粉飾が行われていることが多いが，期中の試算表については期末のような粉飾が行われていないケースもある。本事例は月次ベースの期中試算表を確認することが非常に重要となる典型的な事例である。

　また，本事例では粉飾の結果BSで生じている歪みとも言える不良資産が，借入金と相殺されて簿外となっており，期末決算数値のみから粉飾決算を発見しづらいという側面がある点も特徴的である。なお，利益は継続的に出ているものの，現金預金の残高は増えておらず，その他固定資産の売却等で資金工面をしているなど，資金面で窮しているという背景事情が見える点もポイントの１つである。

■検討プロセス

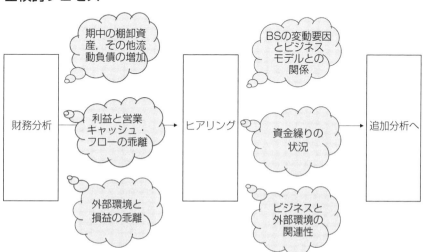

■買収価格への影響

買収価格の算定方法には様々な方法があるが，仮に時価純資産に３年分の営業利益を加算する方法を前提とした場合における影響は以下のとおりとなる。

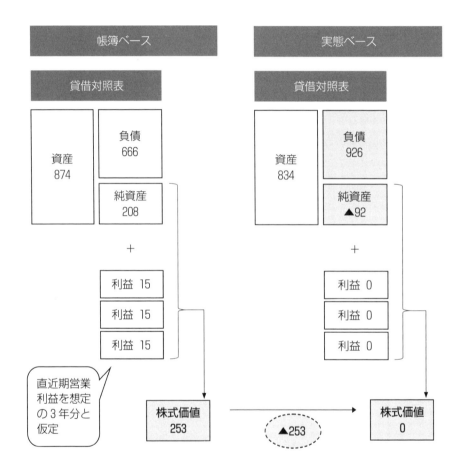

事例15：実地棚卸資料の改竄による棚卸資産の過大計上

■事例概要

自動車部品，カー用品等の卸売業を営む会社において従業員による在庫の横領が発生しており，結果として棚卸資産が過大に計上されていた事例

■M&A打診の経緯

経営者が高齢であり，後継者が不在であることからM&Aを検討するに至った。

■事業および商流の概要

✓ 自動車部品卸，カー用品等の卸売業
✓ 大手自動車メーカーの代理店であり，得意先は整備工場やカー用品等を販売するホームセンター，専門店等である
✓ 全国に営業拠点を有しており，在庫を多く保有している

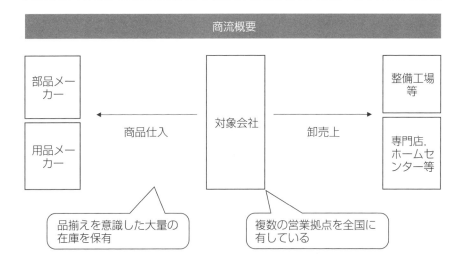

■数値情報

【貸借対照表】

	×1期	×2期	×3期	構成比
現金預金	240	269	314	33%
売掛金	110	100	95	10%
棚卸資産	300	300	290	31%
その他流動資産	50	60	70	7%
建物	50	48	46	5%
土地	100	100	100	11%
その他固定資産	50	42	30	3%
資産合計	900	919	945	100%
買掛金	100	95	90	19%
未払金	50	50	50	10%
その他流動負債	20	20	20	4%
借入金	300	300	300	61%
その他固定負債	30	30	30	6%
負債合計	500	495	490	100%
純資産	400	424	455	
負債・純資産合計	900	919	945	

【回転期間】　　　　　　　　　　（単位：カ月）

	×1期	×2期	×3期
売上債権※1	1.3	1.3	1.2
棚卸資産※2	4.2	4.4	4.2
仕入債務※3	1.4	1.4	1.3

※1　売上債権÷（年間売上高÷12カ月）
※2　棚卸資産÷（年間売上原価÷12カ月）
※3　仕入債務÷（年間売上原価÷12カ月）

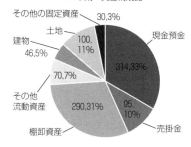

×3期　資産構成比

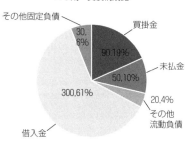

×3期　負債構成比

【損益計算書】

	×1期	×2期	×3期
売上高	1,000	950	980
売上原価	850	810	830
売上総利益	150	140	150
販売費及び一般管理費	100	100	100
営業利益	50	40	50
営業外収益	－	－	－
営業外費用	3	3	3
経常利益	47	37	47
特別利益	－	－	－
特別損失	－	－	－
税引前当期純利益	47	37	47
法人税等	16	13	16
当期純利益	31	24	31
減価償却費	20	18	16
償却前営業利益	70	58	66
償却前経常利益	67	55	63
償却前当期純利益	51	42	47
売上総利益率	15.0%	14.7%	15.3%
営業利益率	5.0%	4.2%	5.1%
経常利益率	4.7%	3.9%	4.8%

【キャッシュ・フロー計算書】

	×1期	×2期	×3期
営業CF	50	37	47
投資CF	▲3	▲8	▲2
財務CF	－	－	－
現預金増減	47	29	45
期首現預金	193	240	269
期末現預金	240	269	314

【×3期　月次貸借対照表】

	1月	2月	3月	4月	5月	6月	7月	8月	9月	10月	11月	12月
現金預金	264	267	267	277	274	280	278	282	278	286	284	314
売掛金	91	90	93	96	91	98	93	95	91	96	91	95
棚卸資産	300	300	300	300	300	300	300	300	300	300	300	290
その他流動資産	60	60	60	60	60	60	60	60	60	60	60	70
建物	48	48	48	47	47	47	47	47	47	46	46	46
土地	100	100	100	100	100	100	100	100	100	100	100	100
その他固定資産	42	41	40	39	37	36	35	34	33	32	30	30
資産合計	905	906	907	919	910	921	913	918	909	920	911	945
買掛金	80	80	80	90	80	90	80	90	80	90	80	90
未払金	50	50	50	50	50	50	50	50	50	50	50	50
その他流動負債	20	20	20	20	20	20	20	20	20	20	20	20
借入金	298	295	293	290	288	285	283	280	278	275	273	300
その他固定負債	30	30	30	30	30	30	30	30	30	30	30	30
負債合計	478	475	473	480	468	475	463	470	458	465	453	490
純資産	427	431	434	439	442	446	450	448	451	455	459	455
負債・純資産合計	905	906	907	919	910	921	913	918	909	920	911	945

【×3期　月次損益計算書】

	1月	2月	3月	4月	5月	6月	7月	8月	9月	10月	11月	12月
売上高	78	77	80	83	78	84	80	82	78	83	78	95
売上原価	66	66	68	71	66	71	68	70	66	71	66	81
売上総利益	12	12	12	13	12	13	12	13	12	13	12	15
販売費及び一般管理費	8	8	8	8	8	8	8	8	8	8	8	8
営業利益	4	4	4	4	4	5	4	4	4	4	4	6
営業外収益	-	-	-	-	-	-	-	-	-	-	-	-
営業外費用	0.3	0.3	0.3	0.3	0.3	0.3	0.3	0.3	0.3	0.3	0.3	0.3
経常利益	3	3	4	4	3	4	4	4	3	4	3	6
特別利益	-	-	-	-	-	-	-	-	-	-	-	-
特別損失	-	-	-	-	-	-	-	-	-	-	-	-
税引前当期純利益	3	3	4	4	3	4	4	4	3	4	3	6
法人税等	-	-	-	-	-	-	-	6	-	-	-	10
当期純利益	3	3	4	4	3	4	4	▲2	3	4	3	▲4

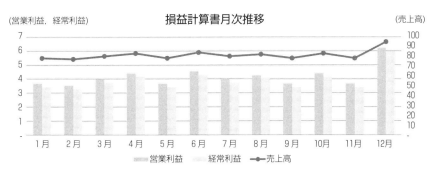

■着目した数値情報（粉飾決算に関連する部分のみを記載）

✓ 資産の中では棚卸資産の金額ウェイトが大きい

✓ 棚卸資産の回転期間も長い

■確認したいポイント（粉飾決算に関連する部分のみを記載）

✓ 棚卸資産の内容

✓ 棚卸資産の管理状況

■ヒアリング例

×××××

×××××

棚卸資産はそれなりのボリュームになっていますね。内容はどのようなものでしょうか？

自動車部品と，意外にカー用品関係なんかも結構ありますね。

うちは種類も豊富なので在庫が多くなりやすいんですよ。

在庫は主にどこで保管されているのでしょうか？

本部にも倉庫はあるんですが，基本的にはほとんど各営業拠点で持っていますね。

営業拠点はどれぐらいお持ちでしょうか？

全国にあるのですが，小さいものも合わせると30拠点ぐらいはありますね。

在庫は何カ月分ぐらいを保有するのでしょうか？

モノによると思いますが，通常は1，2カ月分ぐらいですね。ただ，少し長く持つものもありますよ。

回転期間でみると，4カ月超にも見えますが滞留品があるのでしょうか？

まあたしかに，多少の滞留品はありますね。

金額的にどれぐらいの滞留品があるかわかりますか？

今すぐにはわからないですが，一応各拠点で滞留品の把握をするようには言ってあるので調べればわかると思います。

本部のほうでは管理されていないのですか？

在庫が増えてきている時などは各拠点に問い合わせをしたりしていますよ。

実地棚卸はどれぐらいの頻度でやっているのでしょうか？

半年ごとにはやっています。あとは，商品の受払は記録していますから，毎月のおおよその在庫は把握していますよ。

実地棚卸では，棚卸差異が生じることはどれぐらいありますでしょうか？

そこまで細かく見てはいないですが，現場では多少棚卸差異が出ていることはあるみたいですね。

棚卸差異が生じる主な要因は何でしょうか？

そうですね，伝票の処理漏れなどが一番多いと思います。

本部で棚卸差異の情報はありますでしょうか？

基本的に実地棚卸関連の資料は営業拠点で保管しているので，拠点に行けばあると思います。

×××××

×××××

■ヒアリングから判明した事項

✓棚卸資産の内容は，自動車部品とカー用品が主であるが，カー用品の
　ウェイトもそれなりに大きい

✓棚卸資産は本社拠点以外に営業拠点ごとに保管しているものも多い

✓棚卸資産の滞留把握は行っており，一部滞留資産がある

✓実地棚卸数量と棚卸資産受払簿における記載数量との間に相応の差異が
　生じていたことがある（棚卸差異）

■追加的な対応

✓営業拠点ごとの売上高，仕入，在庫数値資料の確認

✓棚卸資産の滞留管理資料の確認

✓実地棚卸資料の査閲（棚卸差異の状況確認を含む）

など

■追加対応の結果判明した事項

> ✓ いくつかの拠点で長期滞留品があることが判明し，長期滞留品の中には販売好調な高額品が含まれていることが判明した。
>
> ✓ 実地棚卸資料において，帳簿管理数量と実地数量との差異の説明記載がないものが複数の拠点で散見された（年度によっては滞留管理資料自体が作成されていない営業拠点もあることが判明した）。
>
> ✓ 実地棚卸資料および滞留管理資料は営業拠点のみで保管されており，本部に対しては営業拠点で取りまとめた最終結果在庫数量および金額の情報のみが報告されていた。
>
> ✓ さらに追加手続の結果，複数の拠点で従業員による資産横領が発覚した。
>
> ✓ 長期滞留在庫の中には，横領により実在していない資産が一部含まれていた。
>
> （その他，在庫管理に関して以下の事実が判明した）
>
> ✓ 実地棚卸時に帳簿管理上の在庫数量と実地棚卸数量に不明な誤差が生じていることもあったが，原因を特定せずに在庫が減額処理（売上原価として処理）されているケースもあった。
>
> ✓ 実地棚卸は継続的に実施されていたものの，現場まかせになっており，本社による内容確認等がほとんど行われておらず，滞留管理資料も作成はされているものの分析等はほとんど実施されていなかった。

■粉飾の概要

✓ 複数の拠点で従業員による資産横領が行われていたが，実地棚卸資料を改竄することによりこの事実が隠蔽されていた。

✓ カー用品の中でもカーナビ等の高額品が継続的に横領されており，実地棚卸資料上は在庫が存在する前提となっていた。

✓ 粉飾発覚に至る経緯としては，販売好調であるにもかかわらず，継続的に滞留品がある不自然な商品について本部社員が現場従業員を問い詰めたところ，横領が発覚した。

（関連資料の状況）

A拠点　商品別在庫年齢表

商品名	1カ月以内	…	1年超	摘要
…	…	…	…	
A商品	100	…	15	
B商品	100	…	20	
…	…	…	…	

B拠点　実地棚卸表

商品名	帳簿数量	実地数量	差異	差異原因
…	…	…	…	
C商品	50	48	▲2	出荷処理漏れ
…	…	…	…	
D商品	60	55	▲5	
E商品	20	19	▲1	
…	…	…	…	

長期滞留品の販売は好調（入庫量を上回る出庫量）

長期滞留品

棚卸差異の説明記載なし

商品別　受払表

商品名	前月	入庫	出庫	当月
…	…	…	…	…
A商品	300	850	900	250
B商品	200	950	1,000	150
…	…	…	…	…

■粉飾の目的

> ✓社内管理が杜撰であることが従業員に認知されていたことから，高額品を中心に私的利用や転売を目的として複数の異なる従業員が在庫横領を行っており，当該横領を隠蔽するために実地棚卸結果を偽って報告していた。
>
> ✓その後詳細な社内調査の結果，過去から継続的に複数の営業拠点で異なる従業員により横領が行われていた状況が発覚し，中にはアルバイト従業員による横領事実を認識していた営業拠点社員もいたが，そのような場合でも本部へ報告していないケースもあった。

■実態貸借対照表

　直近期である×3期において財務調整を考慮すると，簿価ベースでは455である純資産の調整後残高は425となった。

【×3期　貸借対照表】

	簿価	調整	調整後		簿価	調整	調整後
現金預金	314		314	買掛金	90		90
売掛金	95		95	未払金	50		50
棚卸資産	290	▲30	260	その他流動負債	20		20
その他流動資産	70		70	借入金	300	–	300
建物	46		46	その他固定負債	30		30
土地	100		100	負債合計	490	–	490
その他の固定資産	30		30	純資産	455	▲30	425
資産合計	945	▲30	915	負債・純資産合計	945	▲30	915

■実態損益計算書3期推移

　営業利益ベースで調整項目はなく，従業員横領による特別損失計上が考慮された。なお，税金への影響は未考慮としている。

【損益計算書】

	簿価			調整額			調整後		
	×1期	×2期	×3期	×1期	×2期	×3期	×1期	×2期	×3期
売上高	1,000	950	980	–	–	–	1,000	950	980
売上原価	850	810	830	–	–	–	850	810	830
売上総利益	150	140	150	–	–	–	150	140	150
販売費及び一般管理費	100	100	100	–	–	–	100	100	100
営業利益	50	40	50	–	–	–	50	40	50
営業外収益	–	–	–	–	–	–	–	–	–
営業外費用	3	3	3	–	–	–	3	3	3
経常利益	47	37	47	–	–	–	47	37	47
特別利益	–	–	–	–	–	–	–	–	–
特別損失	–	–	–	1	2	3	1	2	3
税引前当期純利益	47	37	47	▲1	▲2	▲3	46	35	44
法人税等	16	13	16	–	–	–	16	13	16
当期純利益	31	24	31	▲1	▲2	▲3	30	22	28

	簿価			調整額			調整後		
減価償却費	20	18	16	–	–	–	20	18	16
償却前営業利益	70	58	66	–	–	–	70	58	66
償却前経常利益	67	55	63	–	–	–	67	55	63
償却前当期純利益	51	42	47	▲1	▲2	▲3	50	40	44

	×1期	×2期	×3期		×1期	×2期	×3期
売上総利益率	15.0%	14.7%	15.3%		15.0%	14.7%	15.3%
営業利益率	5.0%	4.2%	5.1%		5.0%	4.2%	5.1%
経常利益率	4.7%	3.9%	4.8%		4.7%	3.9%	4.8%

■本件のポイント

　本件では数値変化にそこまで際立った異常値はなく，金額的ウェイトの大きい棚卸資産に関するヒアリングからリスク要素を感じることができるかどうかがポイントである。対象会社は棚卸資産が金額的に重要であるにもかかわらず，管理水準が低く，また全国にまたがる営業拠点においてそれぞれ在庫を保管していることから横領等が発生しやすい状況であった。また，棚卸資産全体の金額水準が大きく，僅少な横領が発覚しづらい状況でもあるため，注意深く追加の検証手続を実施できるかどうかという点も重要である。

　本事例の横領粉飾は，財務的な影響はそこまで大きくないものの，特定の従業員だけでなく，複数拠点で複数従業員により頻繁に行われていたという管理の不備を示す性質のものであることやそもそも横領が頻繁に生じていた現場のコンプライアンス意識に問題がある可能性など，質的影響についても注意が必要である。

■検討プロセス

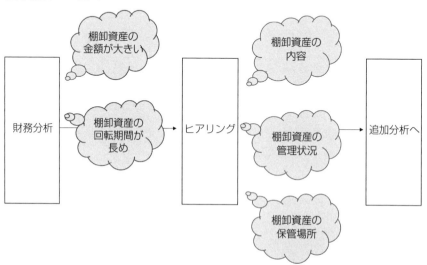

■買収価格への影響

買収価格の算定方法には様々な方法があるが，仮に時価純資産に３年分の営業利益を加算する方法を前提とした場合における影響は以下のとおりとなる。

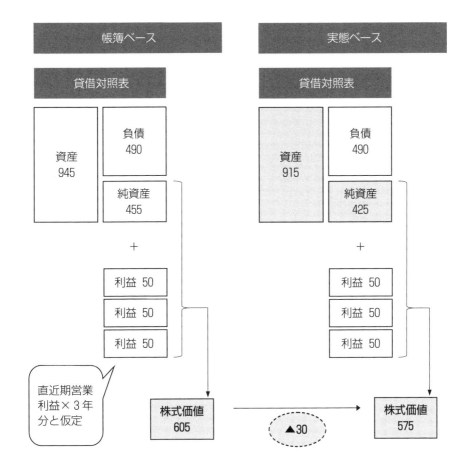

【編者紹介】

税理士法人髙野総合会計事務所

東京都中央区日本橋2－1－3アーバンネット日本橋二丁目ビル3F
税理士法人髙野総合会計事務所総括代表　公認会計士・税理士　髙野角司
設立（創業）1975年
従業員数約100名（公認会計士，税理士含む）
公認会計士，税理士を主体とした独立系の会計事務所グループであり，中核となる税理士法人髙野総合会計事務所のほか，髙野総合コンサルティング株式会社，監査法人TSKなどを擁する。法人および個人の税務会計に関する業務全般のほか，企業再生や再編，M&A，財務・事業デュー・デリジェンス，価値評価，事業承継等のコンサルティング業務を幅広くサービス提供している。

＜主な編著書＞
『会社更生最前線』，『経営に生かす　有利な税務選択』，『倒産手続における会社分割・営業譲渡の実務』（以上，ぎょうせい），『Q&A　民事再生法の実務/加除式』，『時価・価額をめぐる税務判断の手引/加除式』（共著）（以上，新日本法規），『ケース・スタディによる　税理士のための税賠事故例とその予防策』（共著），『繰越欠損金と含み損の引継ぎを巡る法人税実務Q&A』，『ケース別　会社解散・清算の税務と会計』，『実践／グループ企業の法人税務Q&A』，『新しい減価償却制度の重要ポイントQ&A』，『態様別にみる　新しい事業承継対策と税務』（以上，税務研究会），『新公益法人の移行・再編・転換・設立ハンドブック』，『新公益法人移行申請書作成完全実務マニュアル』（以上，日本法令），『メリット・デメリットがひと目でわかる　有利な税務選択Q&A』，『医療機関再生の法務・税務』，『経営手法からみた　事業承継対策Q&A』，『ここが知りたい　会計参与の実務Q&A』，『決算に役立つ税務選択の判断ポイント』（以上，中央経済社），『信託の実務Q&A』，『中小企業のためのこれからの会社法実務Q&A』（以上，青林書院），『こんなに簡単になった企業再編』（かんき出版），他多数。

【著者紹介】

髙木　融（たかぎ　とおる）

税理士法人髙野総合会計事務所パートナー
髙野総合コンサルティング株式会社取締役
公認会計士・税理士
日販グループホールディングス株式会社社外監査役，出版共同流通株式会社社外監査役
大手監査法人勤務を経て髙野総合会計事務所（現税理士法人髙野総合会計事務所）に入所。
各種コンサルティング業務を専門とするFAS部門に所属。企業再生，M&A，価値評価業務
等を中心とした幅広いコンサルティング業務に従事。上場企業への決算支援や，中小企業の
内部統制改善，その他，金融機関向け研修講師なども手掛ける。

＜主な著書＞

『会計士が教える　中堅・中小企業のための財務経営10のテーマ』，『判例分析　会社・株主
間紛争の非上場株式評価実務』（共著），『実務解説　税務と会計の違いがわかる本』（共著）
（以上，中央経済社），『担保権消滅請求の理論と実務』（共著）（民事法研究会），『事例式
契約書作成時の税務チェック』（共著），『時価・価額をめぐる税務判断の手引/加除式』（共
著）（以上，新日本法規），その他雑誌執筆多数。

田中　新也（たなか　しんや）

税理士法人髙野総合会計事務所シニアマネージャー
公認会計士・税理士
大手監査法人勤務を経て税理士法人髙野総合会計事務所に入所。各種コンサルティング業務
を専門とするFAS部門に所属。企業再生，M&A，価値評価業務等を中心とした幅広いコン
サルティング業務に従事。特に，中小企業活性化全国本部への出向経験を活かした中小企業
の企業再生に強みを持つ。組織再編業務や法人税務顧問業務，その他，金融機関向けの研修
講師なども手掛ける。

＜主な著書＞

『判例分析　会社・株主間紛争の非上場株式評価実務』（共著）（中央経済社），『時価・価額
をめぐる税務判断の手引/加除式』（共著）（新日本法規），その他雑誌執筆多数。

田中　信宏（たなか　のぶひろ）

税理士法人髙野総合会計事務所シニアマネージャー

公認会計士・税理士

大手監査法人勤務を経て税理士法人髙野総合会計事務所に入所。各種コンサルティング業務を専門とするFAS部門に所属。企業再生，M&A，価値評価業務等を中心とした幅広いコンサルティング業務に従事。事業会社での経理実務経験や金融機関への出向を生かした，幅広い観点からのコンサルティング業務を数多く手掛ける。

＜主な著書＞

『判例分析　会社・株主間紛争の非上場株式評価実務』（共著）（中央経済社），『時価・価額をめぐる税務判断の手引/加除式』（共著）（新日本法規），その他雑誌執筆多数。

前田　俊（まえだ　しゅん）

税理士法人髙野総合会計事務所マネージャー

公認会計士

監査法人勤務を経て税理士法人髙野総合会計事務所に入所。各種コンサルティング業務を専門とするFAS部門に所属。企業再生，M&A，価値評価業務等を中心とした幅広いコンサルティング業務に従事。上場企業への決算支援，上場企業グループの法人税務顧問業務なども手掛ける。

＜主な著書＞

『時価・価額をめぐる税務判断の手引/加除式』（共著）（新日本法規），その他雑誌執筆多数。

粉飾事例にみる

中小企業M&A　リスクと対応

2023年12月1日　第1版第1刷発行

編　者	税理士法人 髙野総合会計事務所
著　者	髙　木　　　融也 田　中　新　宏 田　中　信　俊 前　田
発行者	山　本　　　継
発行所	㈱中　央　経　済　社
発売元	㈱中央経済グループ パ ブ リ ッ シ ン グ

〒101-0051　東京都千代田区神田神保町1-35
電話　03（3293）3371（編集代表）
　　　03（3293）3381（営業代表）
https://www.chuokeizai.co.jp
印刷／三英グラフィック・アーツ㈱
製本／㈲井　上　製　本　所

© 2023
Printed in Japan

判例分析　会社・株主間紛争の

非上場株式評価実務

税理士法人髙野総合会計事務所 [編]
髙木融／德田貴仁／田中新也／田中信宏 [編著]

A5判／388頁

　非上場株式について、裁判以前の価格交渉や裁判における主張立証の焦点の明確化に役立つ情報を提供。平成期以降の裁判例を分析し、実際の株価決定に係る申立ての手続にまで言及。

本書の内容

第Ⅰ章　裁判目的の株価評価

第Ⅱ章　株価評価の方法

第Ⅲ章　裁判例の動向

第Ⅳ章　裁判例分析

　　　　（平成元年以降）

第Ⅴ章　裁判例一覧

第Ⅵ章　手続編

中央経済社

会計士が教える

中堅・中小企業のための

財務経営10のテーマ

税理士法人髙野総合会計事務所［編］
髙木融［著］

Ａ５判／212頁

　財務管理分野における基礎的な理解の欠如を補うべく、専門的な用語を極力避けて、財務経営10のテーマを相互に俯瞰する。

本書の内容

第Ⅰ章　財務諸表／第Ⅱ章　原価計算／第Ⅲ章　損益管理／第Ⅳ章　事業計画・予算／第Ⅴ章　資金繰り表／第Ⅵ章　キャッシュ・フロー計算書／第Ⅶ章　税金計算／第Ⅷ章　業務フロー／第Ⅸ章　自動化ツールの活用／第Ⅹ章　財務管理の活用

中央経済社